꾀가 많은 헤르메스

주니어 RHK

일러두기

이 책은 SBS에서 방영된 애니메이션 〈올림포스 가디언〉의 스토리북 《그리스 로마 신화 올림포스 가디언》을 재구성한 초등 필수 인문 교양서입니다.

신화적 가치

신화는 한 민족의 기원이나 역사적·종교적·문화적 삶의 모습을 보여 주는 옛이야기입니다. 주로 신과 영웅에 관한 이야기가 많고, 오랫동안 입에서 입으로 전해 내려왔다는 특징이 있지요.

우리가 살펴볼 그리스 로마 신화는 고대 그리스와 로마에 전해 오는 신화와 전설을 한데 묶은 것입니다. 그리스 로마 신화는 고대의 삶을 엿보게 해 주는 문화유산일 뿐만 아니라, 세계 여러 나라의 문학과 미술에 큰 영향을 끼쳤습니다. 하지만 문화적 가치만큼이나 중요한 것이 또 있습니다. 오래된 옛이야기이면서도 거기에 담긴 교훈적 가치가 오늘날에도 여전히 쓸모 있고 중요하다는 사실입니다.

놀랍지 않나요? 수천 년 전의 이야기가 어떻게 과학 문명이 고도로 발달한 오늘날에도 통하는 것일까요? 그것은 바로 그리스 로마 신화에 나오는 신과 영웅의 모습이 오늘날 우리의 모습과 다르지 않기 때문입니다. 신들도 우리처럼 분노하고, 질투하고, 실수를 하지요. 그런 모습을 보면서 우리는 깔깔 웃거나 눈물을 흘리고, 교훈과 감동을 얻습니다. 우리가 그리스 로마 신화를 읽어야 하는 까닭이 바로 이것입니다.

신화의 세계로 떠날 여러분에게 한마디 덧붙이자면, 신화는 우리에게 끝없는 상상력을 요구한다는 점입니다. 신화 속에는 수많은 은유와 상징이 곳곳에 널려 있지요. 따라서 신화를 읽을 때에는 상상력을 최대한 발휘하여 신화 속에 숨겨진 의미를 찾고, 그것을 자기 나름대로 재해석하는 과정이 필요합니다. 이렇게 읽었을 때에야 비로소 여러분 앞에 놀라운 삶의 이야기가 펼쳐질 것입니다.

자, 그럼 흥미진진한 신화의 세계 속으로 함께 떠나 볼까요?

주요 등장인물

제우스

올림포스 신들의 왕으로 하늘과 벼락의 신이에요.
아름다운 여인을 좋아해서 수많은 자식을 얻게 되는데
특히 영리하고 애교 많은 헤르메스를 아껴요.
전지전능한 최고의 힘을 가진 신이지만
티폰과 델피네에게 힘줄을 빼앗기는 수모를 겪어요.

아폴론

제우스와 레토의 아들로 태어났어요.
음악과 시, 예언과 전언의 신으로
헤르메스가 주는 리라를 훌륭하게 연주해요.
동생인 헤르메스와 사이좋게 지내요.
에로스를 놀리다가 그의 황금 화살을 맞고
다프네를 사랑하게 돼요.

헤르메스

제우스의 아들로, 꾀가 많고
영리하지만 장난이 너무 심해요.
날개 달린 신발과 모자를 쓰고 있어요.
헤라의 젖을 먹고 신이 되어 제우스와
신들의 명을 나르는 전령의 신이 돼요.

마이아

아틀라스의 딸로, 킬레네산의 님프예요.
제우스 신과 사랑을 나누어
헤르메스를 낳아요.

헤라

결혼의 신이자 제우스의 아내예요.
질투심이 많아 처음에는
헤르메스를 미워하지만
나중엔 유모가 될 만큼 예뻐하게 돼요.

티폰

뱀의 머리가 다섯 개나 달린,
엄청나게 큰 괴물이에요.
땅 위에 있는 것들 가운데
가장 무서운 존재라고 해요.

다프네

강의 신 페네이오스의 딸로
아름다운 숲의 요정이에요.
에로스에게 납 화살을 맞고
아폴론을 끔찍이도 싫어하게 돼요.

에로스

아프로디테의 아들로, 사랑의 신이에요.
신과 인간에게 화살을 쏘아 사랑이나
미움을 싹트게 하는 능력이 있어요.
아폴론을 혼내 주기 위해 아폴론에게는
황금 화살을, 다프네에게는 납 화살을 쏴요.

차례

주요 등장인물 **4**
프롤로그 **7**

1장 **꾀가 많은 헤르메스** **8**

2장 **제우스를 구한 헤르메스** **46**

3장 **월계수가 된 다프네** **89**

부록 미로 찾기 **128**   나만의 컬러링 **129**   올림포스 신들의 계보 **130**
그리스 로마 신화 주요 인물의 이름 **131**

프롤로그

제우스는 아틀라스의 딸인 마이아와 사랑에 빠져
헤르메스라는 아기를 낳았습니다.
헤르메스는 매우 특별하고 꾀가 많은 아이였어요.
태어나자마자 아름다운 악기를 만들고
누구도 생각하지 못한 방법으로 아폴론의 소 떼를 훔칩니다.
과연 헤르메스는 들키지 않고 소 떼를 가질 수 있을까요?

1장
꾀가 많은 헤르메스

어느 날, 신들의 왕 제우스가 올림포스에서 인간 세상을 내려다보고 있었습니다. 그런데 한 여인이 아르카디아 지방의 킬레네산에 있는 동굴에서 나오는 것이었습니다. 제우스는 호기심 어린 눈으로 그녀를 지켜보았습니다. 그러다 그 여인의 어여쁜 얼굴을 보고 첫눈에 반해 버렸습니다.

'오, 인간 세상에 저리도 아리따운 여인이 있다니…….'

제우스는 그 여인에게서 눈을 떼지 못했습니다. 갸름한 얼굴에 탐스러운 머릿결을 가진 그녀는 화려하진 않지만 맑고 아름다운 눈을 반짝이며 먼 산을 바라보았습니다.

그녀에게 송두리째 마음을 빼앗겨 버린 제우스는 가슴이 두근거렸습니다.

'아, 저 여인은 대체 누구일까? 당장 알아봐야겠군.'

궁금증을 참지 못한 제우스는 신하를 불러 명을 내렸습니다.

"너는 지금 당장 독수리로 변해 인간 세상으로 내려가서 저 여인이 누구인지 알아보거라."

독수리로 변신한 신하는 그 여인의 정체를 알아내어 돌아왔습니다.

"제우스 님, 그 여인은 아틀라스와 플레이오네의 딸 마이아라고 합니다."

제우스는 신하의 말에 고개를 끄덕였습니다.

'음, 아틀라스의 딸이라……. 그에게 저렇게 어여쁜 딸이 있는 줄 몰랐군.'

그날 이후로 마이아를 사랑하게 된 제우스는 날마다 킬레네산의 동굴만 내려다보며 마이아의 모습이 나타나기를 기다렸습니다. 그러다가 문득 이런 생각이 들었습니다.

'신들의 왕인 내가 언제까지 하늘에서 그녀 얼굴만 바라봐야 하지? 마냥 이렇게 지낼 순 없어.'

하늘을 떠받치는 아틀라스

아틀라스는 클리메네와 이아페토스의 아들로 태어났어요. 올림포스 신들보다 이전 세대의 신으로 아주 큰 거인인 티탄족에 속하지요. 아틀라스는 신들과 거인족의 전쟁에 참여했는데, 이때 제우스에게 패하여 자신의 두 어깨로 하늘을 떠받치는 벌을 받았다고 해요.

〈아틀라스와 헤스페리데스〉 존 싱어 사전트

제우스는 마음을 굳게 먹고 헤라가 잠든 사이 올림포스산에서 내려와 마이아가 있는 동굴로 향했습니다. 마이아를 직접 만난 제우스는 그녀에게 사랑을 고백했습니다. 다행히 마이아도 제우스의 마음을 받아들였습니다. 그 후 제우스와 마이아는 서로를 깊이 사랑하게 되었습니다.

그러던 어느 날, 별빛이 반짝이는 새벽녘이었습니다. 마이아의 동굴 안에서 우렁찬 아기 울음소리가 울려 퍼졌습니다.

갓 태어난 남자아이의 울음소리가 조용한 새벽 공기를 가르며 멀리 퍼져 나갔습니다. 동굴 안에서는 제우스와 마이아가 싱글벙글 웃으며 아기를 내려다보았습니다.

"우리 아기의 이름은 뭐라고 지을까요?"

"음, 헤르메스가 어떻겠소?"

"헤르메스……. 참 좋은 이름이에요."

마이아는 아기의 머리를 쓰다듬으며 웃었습니다. 아침이 밝아 오자 제우스는 서둘러 올림포스로 올라갔습니다. 하지만 마음만은 마이아와 헤르메스 곁에 있었습니다.

새벽에 태어난 아기 헤르메스는 제우스의 피를 이어받은 특별한 아이여서 그런지 쑥쑥 자라났습니다.

"어머나, 우리 아기가 언제 이렇게 컸지?"

마이아가 놀라 쳐다보자 헤르메스는 천진난만하게 웃었습니다. 아예 기저귀를 벗어 던지고 요람에서 기어 나와 동굴 안 이곳저곳을 기어 다니더니 벌떡 일어서기까지 했습니다.

"세상에 이럴 수가……."

마이아는 놀라서 아무 말도 못 했습니다. 점심때쯤 되어서는 네다섯 살 아이처럼 커져서 동굴 안을 걸어 다니는 것이었습니다.

신나게 뛰어놀던 헤르메스는 동굴 입구 쪽을 바라보았습니다. 밖은 눈부신 햇살로 반짝거렸습니다.

'아, 동굴 밖 세상은 어떨까? 재미난 일이 가득하지 않을까?'

헤르메스는 답답한 동굴을 벗어나 밖으로 나가고 싶었습니다. 헤르메스가 자꾸만 동굴 밖을 향해 서성이자 마이아가 달려와 헤르메스를 붙잡았습니다.

"헤르메스, 밖은 위험하니 엄마랑 여기 있자. 알았지?"

헤르메스는 고개를 갸웃거리며 물었습니다.

"어머니, 왜요?"

"넌 아직 아기니까 그렇지."

헤르메스는 마이아의 말에 환한 미소를 지으며 말했습니다.

"어머니, 그것 때문이라면 걱정 안 하셔도 돼요. 전 벌써 소년처럼 컸는걸요."

헤르메스는 아무렇지 않게 당당한 걸음으로 동굴 밖으로 나왔습니다.

마이아는 바깥세상으로 나가고 싶어 하는 헤르메스를 더는 막을 수 없었습니다. 드넓고 광활한 바깥세상은 헤르메스의 호기심을 채우기에 충분했습니다. 헤르메스는 이곳저곳을 다니며 신기하다는 눈길로 세상을 보았습니다. 그러다가 울창한 숲이 펼쳐진 들판을 지나게 되었습니다.

때마침 헤르메스의 눈에 커다란 거북과 죽은 황소가 눈에 띄었습니다. 헤르메스는 거북의 껍데기를 떼어 낸 다음 황소의 몸을 갈라 창

자를 꺼냈습니다. 헤르메스는 황소의 창자를 깨끗이 씻어 비비 꼰 다음 가느다란 줄로 만들어 거북 껍데기에 팽팽히 걸었습니다. 거북 껍데기에 걸린 일곱 개의 줄이 하나씩 퉁겨질 때마다 어디서도 들어 보지 못한 아름다운 소리가 흘러나왔습니다.

"그래, 바로 이거야. 아름다운 소리를 내는 이 악기를 리라라고 해야지."

헤르메스는 나무 그늘에 앉아 흥겹게 연주했습니다.

"음, 리라만 연주하고 있으려니 좀 심심한걸. 뭐 다른 재미있는 일 없을까?'

헤르메스는 동굴에서 멀리 떨어진 곳까지 가 보고 싶어졌습니다. 헤르메스는 좀 더 먼 곳으로 길을 떠났습니다. 한참을 걷다 보니 헤르메스의 눈앞에 드넓은 벌판이 펼쳐졌습니다. 그곳에서는 소 떼가 한가로이 풀을 뜯고 있었습니다. 세어 보니 모두 쉰 마리였습니다.

"우아, 소들이 엄청 많네. 그런데 주인은 어디 있을까?"

헤르메스는 주위를 두리번거리며 소 떼의 주인을 찾았지만 어디에도 보이지를 않았습니다. 그도 그럴 것이 쉰 마리의 소를 돌보는 주인은 바로 음악의 신이자 태양의 신인 아폴론이었기 때문입니다.

하지만 태어난 지 얼마 안 된 헤르메스는 이 사실을 알 리가 없었습니다. 더군다나 아폴론이 자신의 형이라는 사실도 몰랐습니다. 아폴론은 제우스와 레토 사이에서 태어난 아들이었거든요.

아무것도 모른 채 헤르메스는 소 떼를 갖고 싶은 욕심에 사로잡혔습니다.

'저 소들을 몽땅 데려갈 방법이 없을까?'

엉뚱한 생각에 잠긴 장난꾸러기 헤르메스는 소들을 훔치기로 작정하고 소 떼 가까이로 다가갔습니다. 오동통하게 살이 오른 소들은 헤르메스가 다가오는 것에는 신경도 쓰지 않았습니다. 귀찮은 듯 코를 킁킁거리며 풀을 뜯기에만 바빴습니다. 헤르메스는 소들에게 더 가까이 다가갔습니다.

"너희들! 내 말을 듣지 않으면 모두 저 멀리 던져 버릴 줄 알아!"

헤르메스는 목에 힘을 주고 소들에게 크게 소리쳤습니다. 그리고는 커다란 소 한 마리를 한 손으로 번쩍 들어 올렸습니다. 깜짝 놀란 소들은 헤르메스의 기세에 눌려 헤르메스의 말이 떨어지기가 무섭게 순순히 따라 움직였습니다. 헤르메스는 소들이 흩어지지 못하게 꼬리를 한데 묶고는 앞으로 몰았습니다. 소들이 지나간 자리마다 발자국이 선명하게 찍혔습니다.

'이런, 땅에 찍힌 소의 발자국 때문에 내가 소를 훔친 사실이 금방 탄로가 나고 말겠어. 무슨 좋은 수가 없을까?'

헤르메스는 잠시 고민에 빠졌습니다. 그러다가 배시시 웃으며 무릎을 탁 쳤습니다.

"그래, 바로 그거야! 역시 난 똑똑하다니까."

헤르메스는 소들을 뒷걸음질치게 했습니다. 소들은 헤르메스가 시키는 대로 고분고분 따라 뒤로 걸었습니다. 헤르메스도 똑같이 뒷걸음질을 쳤습니다. 드디어 땅 위에는 소들이 반대 방향으로 간 것처럼 발자국이 남았습니다. 헤르메스는 만족스러운 미소를 지으며 소들을 끌고 뒤로 나아갔습니다.

그러나 한참을 뒷걸음질쳤지만 속도가 너무 느려서 얼마를 가지 못했습니다.

'이렇게 가서는 며칠이 걸려도 집까지 못 가겠어.'

꾀가 많은 헤르메스는 다시 기가 막힌 방법을 생각해 냈습니다. 그것은 소의 발굽을 거꾸로 붙이는 것이었습니다. 헤르메스는 재빨리 소들의 발굽을 떼어 거꾸로 달았습니다. 물론 자신도 신발을 거꾸로 신었습니다. 그런 다음 앞으로 달리자 발자국이 아까처럼 반대 방향으로 나면서도 속도는 훨씬 빨라졌습니다.

"누구든 이 발자국을 보면 반대 방향으로 갔을 거라 생각하겠지? 헤헤, 이거 참 재미있군."

헤르메스는 신이 나서 소들을 이끌고 빠른 속도로 나아갔습니다.

상업의 신 헤르메스

헤르메스는 지혜와 꾀가 많은 신으로 알려져 있어요. 그래서 상업의 신이자 돈놀이의 신, 소매치기의 수호신이기도 하지요. 이 세상에 태어난 지 얼마 안 되었을 때 형인 아폴론의 소 떼를 훔친 것만 보아도 헤르메스가 얼마나 잔꾀가 많고 속임수의 달인인지 알 수 있답니다.

〈헤르메스〉 작가 미상

한참 길을 가던 헤르메스는 늙은 목자와 마주치게 되었습니다. 이름이 바토스인 그 목자는 어린 꼬마가 소 떼를 몰아가는 모습을 보고 깜짝 놀랐습니다. 헤르메스는 은근히 걱정이 되었습니다.

'만약 저 노인이 소 주인에게 내 이야기를 한다면 꼼짝없이 잡힐 텐데…….'

헤르메스는 소들을 서게 한 뒤 바토스에게 다가갔습니다.

"여보시오. 방금 나를 보았나요?"

"그렇소."

"그럼 아무에게도 나를 보았다는 말을 하지 마세요."

목동 아폴론

아폴론은 목동으로도 나타나기도 해요. 아폴론의 아들 아스클레피오스는 켄타우로스 케이론에게 의술을 배웠는데, 그의 의술이 뛰어나자 제우스가 아스클레피오스에게 벼락을 내렸어요. 이에 대한 복수로 아폴론은 제우스의 벼락을 만드는 키클롭스를 화살로 쏘아 죽였어요. 그 벌로 제우스는 아폴론에게 1년 동안 인간의 노예로 살 것을 명령했어요. 그래서 목동이 되었다고 전해지기도 해요.

"그렇게 하지요."

"지금 한 약속을 믿어도 되겠지요?"

"그럼요. 무슨 일이 있어도 약속을 지킬 테니 염려 마시오."

"만약 나와의 약속을 어긴다면 어쩔 건가요?"

"내가 누군가에게 비밀을 말한다면 말 못 하는 바위가 되겠소이다."

바토스는 자신 있는 말투로 헤르메스에게 맹세했습니다.

"좋아요. 고마움의 뜻으로 이 잘생긴 소 두 마리를 드리지요."

헤르메스는 바토스에게 소 두 마리를 넘겨주고 다시 길을 떠났습니다. 하지만 바토스에 대한 의심을 뿌리칠 수가 없었습니다.

　헤르메스는 숲속에 소 떼를 묶어 놓고 바토스가 있는 곳으로 몰래 돌아왔습니다. 그런데 때마침 누군가와 이야기를 하고 있는 바토스의 모습이 눈에 띄었습니다. 그는 바로 아폴론이었습니다.
　헤르메스는 아폴론을 보는 순간 그가 신이라는 것을 바로 눈치챘습니다. 그리고 자신이 훔친 소 떼가 아폴론의 것이라는 사실도 금방 알 수 있었습니다. 하지만 헤르메스는 아폴론에게 소 떼를 되돌려 주고 싶지 않았습니다.

한편, 아폴론이 잃어버린 소 떼의 절반을 주겠다는 말에 솔깃해진 바토스는 헤르메스 이야기를 털어놓고 말았습니다. 아폴론이 바토스와 헤어져 소 떼를 찾으러 간 사이 헤르메스는 아폴론으로 변장을 하고 바토스 앞에 나타났습니다. 그러고는 바토스가 약속을 어긴 것을 확인하고 자신의 본래 모습을 드러냈습니다.

"믿지 못할 인간 같으니. 나랑 한 약속을 단숨에 어기다니! 당신이 말한 대로 바위가 되게 해 주지."

헤르메스는 그 자리에서 바토스를 단단한 바위로 만들어 버렸습니다.

헤르메스는 빠른 걸음으로 자신이 태어난 동굴로 돌아왔습니다. 흥얼거리며 들어오는 헤르메스를 보고 마이아가 신기한 듯 물었습니다.

"헤르메스야, 어딜 다녀오기에 그렇게 즐겁니?"

"헤헤. 밖에서 재미난 일이 있었거든요."

헤르메스는 어머니인 마이아에게 그동안 있었던 일을 자랑스럽게 늘어놓았습니다. 그러나 아들의 이야기를 듣고 난 마이아는 근심 어린 표정이 되었습니다.

"휴. 남의 소를 훔치는 것은 나쁜 짓이란다."

헤르메스는 전혀 풀이 죽지 않고 대답했습니다.

"어머니, 저는 도둑질이 그렇게 나쁜 거라고 생각하지 않아요. 두고 보세요. 전 반드시 아폴론과 같은 신이 될 거예요. 만약 아버지인 제우스 신이 제가 신이 되는 걸 허락하지 않는다면, 차라리 도둑이 되겠어요. 그래서 신과 인간의 재산을 몽땅 훔쳐 버릴 거예요."

철없는 헤르메스가 큰소리를 쳤습니다. 마이아는 그런 헤르메스가 걱정이 되어 깊은 한숨을 내쉬었습니다.

그때였습니다. 갑자기 동굴 밖에서 우렁찬 목소리가 들려왔습니다.

"헤르메스! 이 동굴에 있는 걸 다 알고 왔다. 어서 나오지 못할까?"

마이아가 황급히 동굴 입구로 나가 보니 아폴론이 서 있었습니다.

"여, 여기를 어떻게……."

마이아는 당황하여 말을 더듬었습니다. 하지만 헤르메스는 전혀 놀라지 않고 천연덕스럽게 요람 안으로 들어가 누웠습니다. 아폴론은 동굴 안으로 성큼성큼 들어와 헤르메스를 향해 소리쳤습니다.

"헤르메스, 네가 내 소 떼를 훔쳤지?"

"예? 소요? 소가 뭔데요?"

헤르메스가 모르는 척하고 묻자 아폴론이 어이가 없다는 듯이 말했습니다.

"이 꼬마 녀석. 네가 그렇게 나온다고 내가 물러설 것 같으냐!"

"저는 태어난 지 얼마 안 된 아기입니다. 그런데 제가 어떻게 소 떼를 훔치겠어요?"

헤르메스는 뻔뻔스럽게도 자신의 잘못을 인정하지 않았습니다.

"자꾸 딴청 부리지 말고 소 떼가 있는 곳을 당장 말해라. 그러지 않으면 크게 혼날 줄 알아라."

아폴론은 잔뜩 화가 나서 무서운 얼굴로 크게 소리쳤습니다.

"아폴론 님, 저는 정말 소라는 걸 본 적이 없어요. 저는 그저 어머니 젖이나 빠는 아기일 뿐인걸요. 갓 태어난 아기가 소 떼를 도둑질했다는 건 순전히 억지예요."

헤르메스는 금세 울음을 터뜨릴 듯한 얼굴을 하고선 훌쩍거렸습니다.

"흑흑, 어머니! 아폴론 님은 너무 무서워요. 자꾸만 절 도둑 취급해요."

아폴론은 마이아의 품에 안겨 울먹이는 헤르메스를 노려보더니, 동굴 밖으로 나와 곰곰이 생각에 잠겼습니다. 그사이 헤르메스는 아폴론의 활과 화살통을 훔쳤습니다.

'저 조그만 도둑놈이 저렇게 잡아떼니 아버지께 데려갈 수밖에 없겠군.'

이렇게 결심한 아폴론은 다시 동굴로 들어가 요람에 누워 있는 헤르메스를 덥석 잡아 올렸습니다.

"당장 나와 같이 아버지께 가자."

이리하여 헤르메스는 아폴론에 이끌려 올림포스산으로 갔습니다.

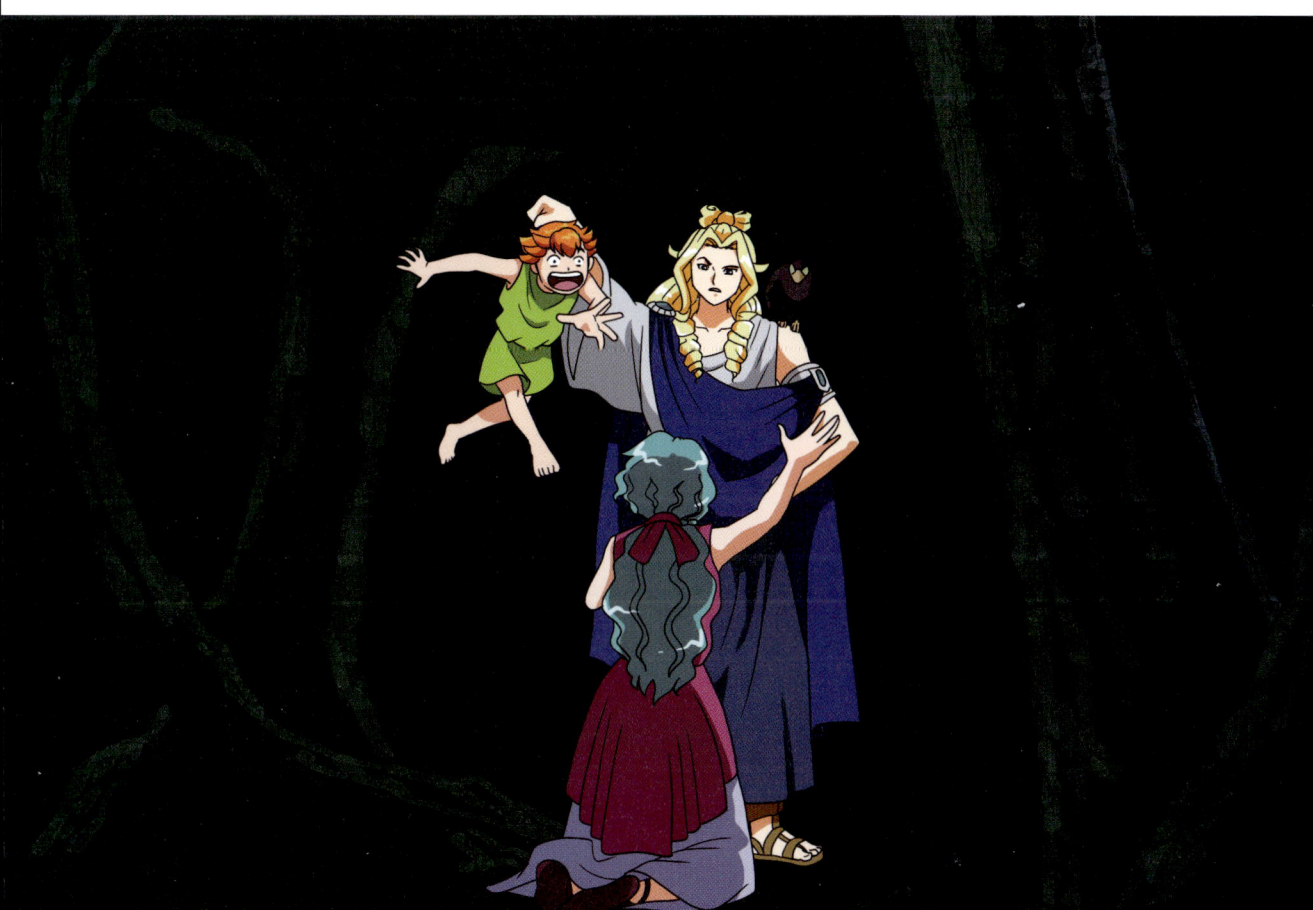

　헤르메스를 데리고 제우스 앞에 선 아폴론은 자신의 억울함을 털어놓기 시작했습니다.

　"아버지, 이 꼬마 녀석이 제가 돌보는 소들을 몽땅 훔쳐 갔습니다."

　"제가 소들을 훔치다니요. 말도 안 됩니다."

　헤르메스는 아무렇지도 않게 거짓말을 내뱉었습니다.

　"이 녀석이 하는 말은 믿지 마세요. 분명히 소들을 훔쳐 갔는데도 시치미를 떼고 있어요. 다시는 거짓말을 못하도록 혼을 내 주세요."

아폴론은 흥분해서 말을 이었습니다. 반면에 헤르메스는 한풀 꺾인 것처럼 고개를 숙였습니다.

"아버지, 저는 태어난 지 고작 하루밖에 안 된 아기예요. 그런데 아폴론 님은 무턱 대고 제가 소 떼를 훔쳐 갔다고 하잖아요. 그걸 본 사람은 아무도 없는데 말이죠. 저처럼 힘없고 약한 아기가 무얼 할 수 있겠어요? 저는 억울할 뿐이에요."

헤르메스는 눈물을 글썽이며 제우스를 올려다보았습니다.

"저는 동굴 밖을 나가 본 적도 없고, 소가 무엇인지도 몰라요. 그러니 저를 도둑으로 몰아붙이는 아폴론 님을 벌주세요. 예?"

 제우스의 아들 아폴론

아폴론은 올림포스 신들 중 두 번째 세대에 속하는 신이에요. 제우스와 레토 사이에서 태어난 아들이며 아르테미스 여신과 오누이 사이예요. 훤칠하고 뛰어난 외모의 아폴론은 많은 님프들은 물론, 인간 여자들이나 젊은 남자들과도 사랑을 나눈 것으로 유명해요. 가끔씩 목자가 되어 나타나기도 하는데, 이때 헤르메스가 아폴론이 돌보는 소를 훔치지요. 음악과 시의 신, 예언과 전원의 신이자 나중에는 태양의 신으로도 숭배를 받은 아폴론은 로마의 첫 번째 황제인 아우구스투스가 개인적으로 섬겼던 수호신이기도 해요.

제우스는 헤르메스의 거침없는 말을 조용히 듣고 있다가 참았던 웃음을 터뜨렸습니다. 사실 제우스는 헤르메스가 벌인 일을 처음부터 끝까지 지켜보고 있었습니다. 그래서 헤르메스가 소 떼를 훔친 범인이라는 사실도 알고 있었지요. 하지만 귀여운 헤르메스를 혼내고 싶지는 않았습니다.

"헤르메스. 소 떼를 훔쳤으면 솔직하게 말해라. 소는 대수로운 게 아니지만, 거짓말은 나쁜 거란다."

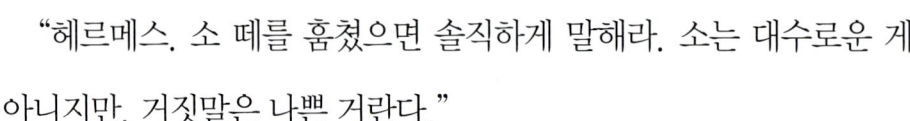

제우스는 너그러운 목소리로 헤르메스를 타일렀습니다. 그러자 헤르메스는 더 이상 고집을 피우지 않고 용서를 빌었습니다.

"아버지, 죄송해요."

"헤르메스, 지금 당장 숨겨 놓은 소들을 아폴론에게 돌려주어라. 그렇게 하면 벌은 내리지 않으마."

"네, 아버지."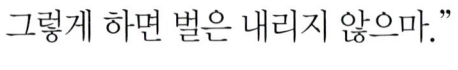

제우스의 말에 헤르메스는 기어들어 가는 목소리로 대답했습니다.

헤르메스는 아폴론을 데리고 소 떼를 숨겨 둔 곳으로 갔습니다.

"아폴론 형, 여기 소들이 그대로 있어요. 한 마리도 빠짐없이요."

"그런데 소들을 어떻게 감쪽같이 훔칠 수 있었지?"

아폴론은 궁금해서 소 떼를 바라보며 물었습니다. 그러자 헤르메스가 대답했습니다.

"헤헤. 여기 소의 발굽을 보세요. 발굽을 거꾸로 달아서 걷게 했지요. 그러면 반대 방향으로 걸은 것처럼 발자국이 나거든요."

헤르메스는 소의 발을 들어서 거꾸로 붙인 발굽을 보여 주었습니다. 그제야 아폴론도 고개를 끄덕였습니다.

'이 꼬마 녀석, 아주 똑똑한데.'

아폴론은 속으로 헤르메스의 꾀에 감탄했습니다.

그러나 아폴론은 잔꾀 많은 헤르메스가 곧 미워졌습니다. 아버지인 제우스가 헤르메스에게 벌을 내리지 않았기 때문입니다. 은근히 화가 치민 아폴론은 되찾은 소를 세어 보고는 두 마리가 모자라다며 혼을 내려 했습니다.

"헤르메스, 소 두 마리를 어떻게 한 것이냐! 또 나를 속이려 하다니, 가만두지 않겠다."

아폴론은 헤르메스를 버드나무 가지로 꽁꽁 묶었습니다.

"이 버드나무 가지는 네가 더 이상 자라지 못하게 계속 조일 것이다."

힘센 헤르메스도 아폴론이 묶어 놓은 버드나무 가지는 풀 수 없었습니다. 꼼짝없이 잡힌 헤르메스는 아폴론에게 간절히 빌었습니다.

"아폴론 형, 제발 저를 풀어 주세요. 풀어만 수시면 제가 좋은 걸 보여 드릴게요."

"흥, 내가 너한테 또 속을 줄 아느냐?"

아폴론은 코웃음을 치며 헤르메스의 말을 무시했습니다.

"이번엔 정말이에요. 형에게 아름다운 음악을 들려줄 거라고요."

"뭐? 음악?"

음악의 신 아폴론은 눈이 번쩍 뜨였습니다. 그리고는 잠시 망설이다가 헤르메스를 풀어 주었습니다.

음악의 신 아폴론

헤르메스한테서 받은 리라 외에 피리도 아폴론의 이야기에 등장해요. 마르시아스는 자신이 연주하는 피리 선율이 더 아름답다며 아폴론의 리라 연주에 도전해요. 호언장담했던 마르시아스는 결국 대결에서 지고 죽음을 맞이하게 되지요.

헤르메스는 나무 사이에 숨겨 놓았던 리라를 꺼내 연주하기 시작했습니다. 리라에서 아름다운 소리가 흘러나오자 아폴론은 지그시 눈을 감고 헤르메스의 연주에 귀를 기울였습니다. 아폴론은 점차 화가 풀리면서 얼굴이 밝아졌습니다.

"거북 껍데기에서 이런 아름다운 소리가 나오다니……."

아폴론이 감탄하자 헤르메스는 연주를 멈추고 리라를 아폴론 앞에 내려놓았습니다.

"소를 훔쳐서 죄송해요. 다시는 그러지 않을게요. 약속의 표시로 이 리라를 형에게 드리겠습니다. 제가 손수 만든 악기예요."

헤르메스가 진심으로 사과하자 아폴론도 마음을 풀고 선물을 받았습니다. 헤르메스는 동굴에서 훔친 아폴론의 활과 화살통도 돌려주었습니다. 아폴론은 헤르메스가 자신의 활과 화살통까지 몰래 훔친 것을 알고 놀랐지만 화를 내지는 않았습니다. 그만큼 리라에 온통 마음을 빼앗겼던 것입니다.

"헤르메스. 네가 나에게 진심으로 사과를 하니 받아 주겠다. 그리고 훌륭한 악기인 리라까지 주었으니 나도 너에게 이 소들을 주마."

"고마워요, 형."

"그리고 앞으로 형으로서 너를 사랑하고 보살펴 주마."

아폴론의 말에 헤르메스는 기뻐서 아폴론의 품에 쏘옥 안겼습니다. 아폴론도 헤르메스를 정답게 꼭 안아 주었습니다. 이리하여 아폴론과 헤르메스는 서로를 아끼는 형제가 되었습니다. 나중에 아폴론은 헤르메스가 준 리라를 자신의 아들인 오르페우스에게 물려주었답니다.

오르페우스와 리라

오르페우스의 죽음을 슬퍼하는 한 여신이 오르페우스의 머리와 리라를 들고 있는 그림이에요. 오르페우스는 아폴론으로부터 리라를 선물받는데, 그의 연주는 매우 아름답고 뛰어났다고 해요. 오르페우스는 사랑하는 아내를 잃고 슬픔에 빠져 있다 슬픈 죽음을 맞이해요. 오르페우스가 죽자, 리라는 제우스에 의해 별자리가 되었답니다.

〈오르페우스〉 귀스타브 모로

꾀가 많은 헤르메스

헤르메스는 신들의 왕인 제우스와 아틀라스의 딸인 마이아 사이에서 태어났습니다. 그런데 놀라운 것은 그가 태어나자마자 걷고 뛰더니 거북 껍데기와 소의 창자로 '리라'라는 악기를 만들었다는 것입니다. 나중에 음악의 신인 아폴론의 화를 누그러뜨리려고 리라를 선물하는데, 아폴론은 곧 아름다운 리라 소리에 빠져듭니다. 이처럼 헤르메스는 주변에 있는 것으로 그 누구도 생각하지 못한 새로운 것을 만들어 내는 재주가 있었습니다. 사물의 이면을 꿰뚫어 보는 능력과 창의성을 갖고 있었던 것이지요. 또한 아폴론의 소 떼를 훔친 방법도 매우 기발했습니다. 소를 뒷걸음질치게 한다든지, 발굽의 방향을 바꾸어 달아 혼란스럽게 만든 것만 보아도 헤르메스의 지혜와 영특함을 잘 알 수 있습니다.

헤르메스는 비록 장난이 심하고 자신이 원하는 것을 얻기 위해 거짓말도 서슴지 않았지만, 아폴론과 제우스는 그의 뛰어난 지혜와 재치 때문에 그의 잘못을 용서하고 유쾌하게 화해를 하게 됩니다. 그래서인지 헤르메스는 사람들 사이에서 가장 인기가 많은 신이기도 합니

다. 영리할 뿐만 아니라 자신의 생각을 분명히 말하고 실천하는 이의 본보기이기 때문입니다.

    헤르메스의 영어식 이름은 '머큐리'입니다. 좀처럼 잡히지 않고 계속 모양을 바꾸며 빠져 나가는 금속이자 액체인 수은은 헤르메스의 성질과 닮았다 하여 머큐리라고 합니다. 고대 연금술사들은 헤르메스를 우주의 비밀을 간직한 위대한 신으로 섬기기도 했고, 고대로부터 내려오는 지혜를 담은 이집트 문서는 헤르메스에게서 이어받았다는 의미로 '헤르메티카'라는 이름이 붙었답니다.

2장
제우스를 구한 헤르메스

아폴론과 헤르메스는 자주 만나면서 우애가 깊어졌습니다. 아폴론은 헤르메스가 선물해 준 리라를 연주하며 즐거워했고, 헤르메스는 아폴론을 누구보다도 따랐습니다.

어느 날 아폴론이 헤르메스에게 지팡이 하나를 건네주었습니다.

"이게 뭐예요, 형?"

헤르메스는 눈이 휘둥그레지면서 지팡이를 받았습니다. 두 마리의 뱀이 감겨 있고 꼭대기 양쪽에 날개가 달린 황금빛 지팡이였습니다.

"이건 카두세우스라고 하는 거야. 목동과 가축의 수호신임을 증명하는 것이지. 누구든 잠들게 하는 힘이 있단다."

"이걸 왜 저한테……."

"왠지 너한테 잘 어울릴 것 같아서 주는 거야. 대신 이 지팡이로 장난을 치면 안 된다. 알았지?"

헤르메스는 신이 나서 카두세우스를 치켜들며 말했습니다.

"고마워요, 아폴론 형!"

사실 헤르메스는 아폴론의 소 떼를 훔친 뒤로도 여러 번 신들에게 장난을 치고 혼쭐이 났습니다. 심지어 제우스의 강력한 무기인 벼락을 훔치려고까지 했지요. 제우스가 잠든 사이 조심스레 침실로 들어가 벼락을 빼내려 했던 것입니다. 그런데 벼락에 손을 대자마자 갑자기 엄청나게 큰 천둥소리가 나면서 번개가 쳤습니다.

"앗! 뜨거워!"

번갯불에 손을 덴 헤르메스는 비명을 지르고 말았습니다. 그 바람에 제우스 신이 깨어났고, 너그러웠던 아버지 제우스에게 한참 동안 꾸중을 들어야 했습니다. 이날 헤르메스는 자신의 행동을 깊이 뉘우쳤답니다.

그 후로 헤르메스는 더 이상 남의 물건을 몰래 훔치는 나쁜 장난은 치지 않았습니다. 물론 애교 넘치는 작은 장난들은 계속되었지만요.

장난꾸러기 헤르메스

장난과 속임수를 일삼았던 헤르메스는 겁도 없이 신들의 소중한 물건들을 훔쳤습니다. 한번은 바다와 물의 신 포세이돈이 가장 아끼는 삼지창인 트리아이나를 훔쳤지요. 헤르메스는 그것을 갖고 다니며 구름과 비, 바람과 파도를 마음대로 부리다가 포세이돈에게 호되게 혼이 났다고 해요. 또 한번은 전쟁의 신인 아레스가 애지중지하는 창을 훔치기도 했답니다.

올림포스에는 헤르메스의 장난을 아주 못마땅하게 여기는 신이 있었습니다. 그는 바로 제우스의 아내 헤라였습니다.

"올림포스는 아무나 들어올 수 있는 곳이 아닌데, 헤르메스는 아주 제집 드나들 듯 마음대로 다니는군요."

헤라가 따지면서 말하자 제우스는 은근슬쩍 얼버무렸습니다.

"헤르메스는 아직 어린아이지 않소."

"그래도 저렇게 장난기 많은 아이를 그냥 놔두면 어떡해요? 따끔하게 혼을 내야죠."

헤라가 이맛살을 찌푸리며 제우스에게 화를 냈습니다. 제우스는 헤라의 말에 제대로 대꾸도 못한 채 헤라의 눈길을 피했습니다.

신들의 전령 헤르메스

신들의 전령인 헤르메스를 상징하게 된 지팡이 카두세우스는 아폴론이 동생 헤르메스에게 선물한 것이에요. 두 마리의 뱀이 지팡이를 감싸고 있고, 꼭대기 양쪽으로 날개가 달려 있는 모습을 하고 있어요.

헤라는 제우스가 마이아와 헤르메스를 남다르게 아끼고 사랑한다는 사실에 속이 상했습니다. 헤르메스 역시 이런 헤라의 마음을 눈치채고 있었습니다. 결혼과 질투의 여신이자 신들의 여왕인 헤라가 제우스의 연인들과 그 사이에서 태어난 자녀들을 싫어하고 벌을 주기도 한다는 것을 알고 있었기 때문입니다.

그래서 헤르메스는 헤라의 눈 밖에 나지 않으려고 애를 썼습니다.

"헤라 님, 안녕하세요?"

헤르메스는 헤라와 마주칠 때마다 밝게 웃으며 공손하게 인사를 했습니다. 하지만 헤라는 못 본 듯이 지나갔습니다. 어떤 때는 헤라의 아름다운 모습을 추켜세우며 칭찬을 늘어놓기도 했습니다.

"헤라 님, 오늘 따라 더 아름다워 보이네요."

헤르메스는 갖은 애교를 떨며 헤라의 마음을 얻고자 했습니다. 하지만 돌아오는 것은 헤라의 차가운 눈총뿐이었습니다.

헤르메스는 점점 헤라의 날카로운 눈빛이 무서워졌습니다.

'어떻게 하면 헤라 님의 마음을 얻을 수 있을까?'

꾀 많은 헤르메스는 자신을 미워하는 헤라의 마음을 돌려놓을 방법을 골똘히 생각했습니다. 하지만 좋은 생각이 얼른 떠오르지 않았습니다. 답답한 마음에 헤르메스는 아폴론을 찾아갔습니다.

"형, 헤라 님의 마음을 얻고 싶은데, 무슨 좋은 수가 없을까요?"

아폴론도 별다른 방법이 생각나지 않는지 고개를 갸우뚱했습니다.

"혹시 헤라 님이 아끼는 것이 있나요?"

"아끼는 것? 아, 그거라면 물으나마나 당연히 아레스지."

"아레스라고요?"

"헤라 님이 갓 낳은 아들 말이야."

헤르메스는 아레스라는 이름을 중얼거리더니 깊은 생각에 잠겼습니다.

"그래. 좋은 수가 떠올랐어."

헤르메스는 자신감에 넘쳐 씨익 웃었습니다.

헤르메스는 헤라가 쉬고 있는 정원으로 갔습니다. 헤라는 꽃 그네에 앉아 아레스에게 젖을 먹이고 있었습니다.

"우리 귀여운 아들, 아레스야. 엄마 젖 먹고 쑥쑥 자라렴."

헤라는 아레스가 예뻐서 한시도 눈을 떼지 못했습니다.

아레스는 헤라의 품에서 곤히 잠들었습니다.

"어머, 우리 아기가 잠들었네? 엄마가 이불을 가져와 덮어 줄게. 잠시만 기다리렴."

헤라는 꽃 그네에 아레스를 올려놓고 궁전으로 들어갔습니다. 그러자 숨어서 보고 있던 헤르메스가 재빨리 아레스를 다른 곳에 감추고, 자신이 아레스로 변신해 그네 위에 누웠습니다. 그리고 큰 소리로 아기 울음소리를 냈습니다.

전쟁의 신 아레스

제우스와 헤라의 아들인 아레스는 전쟁의 신으로 알려져 있어요. 그래서 늘 투구를 쓰고 갑옷을 입은 채 방패와 창과 칼로 무장한 모습으로 묘사되지요. 덩치가 어마어마한 그는 목소리도 무시무시해서 전쟁터에서 큰 소리를 질러 적들에게 겁을 주었다고 해요. 워낙 성격이 괴팍하고 사나워서 다른 신들의 미움을 받기도 했답니다.

"응애! 응애!"

헤라는 울음소리에 놀라 황급히 뛰어왔습니다. 그러고는 헤르메스가 아레스 모습으로 변신한 줄도 모르고 아기를 번쩍 들어 끌어안았습니다.

"우리 아레스, 엄마가 안 보여서 깼니?"

"응애! 응애!"

아레스로 변한 헤르메스는 계속 울면서 헤라의 가슴으로 파고들었습니다.

"어머, 우리 아기가 엄마 젖이 더 먹고 싶은 모양이구나. 알았어, 조금만 참으렴. 얼른 줄게."

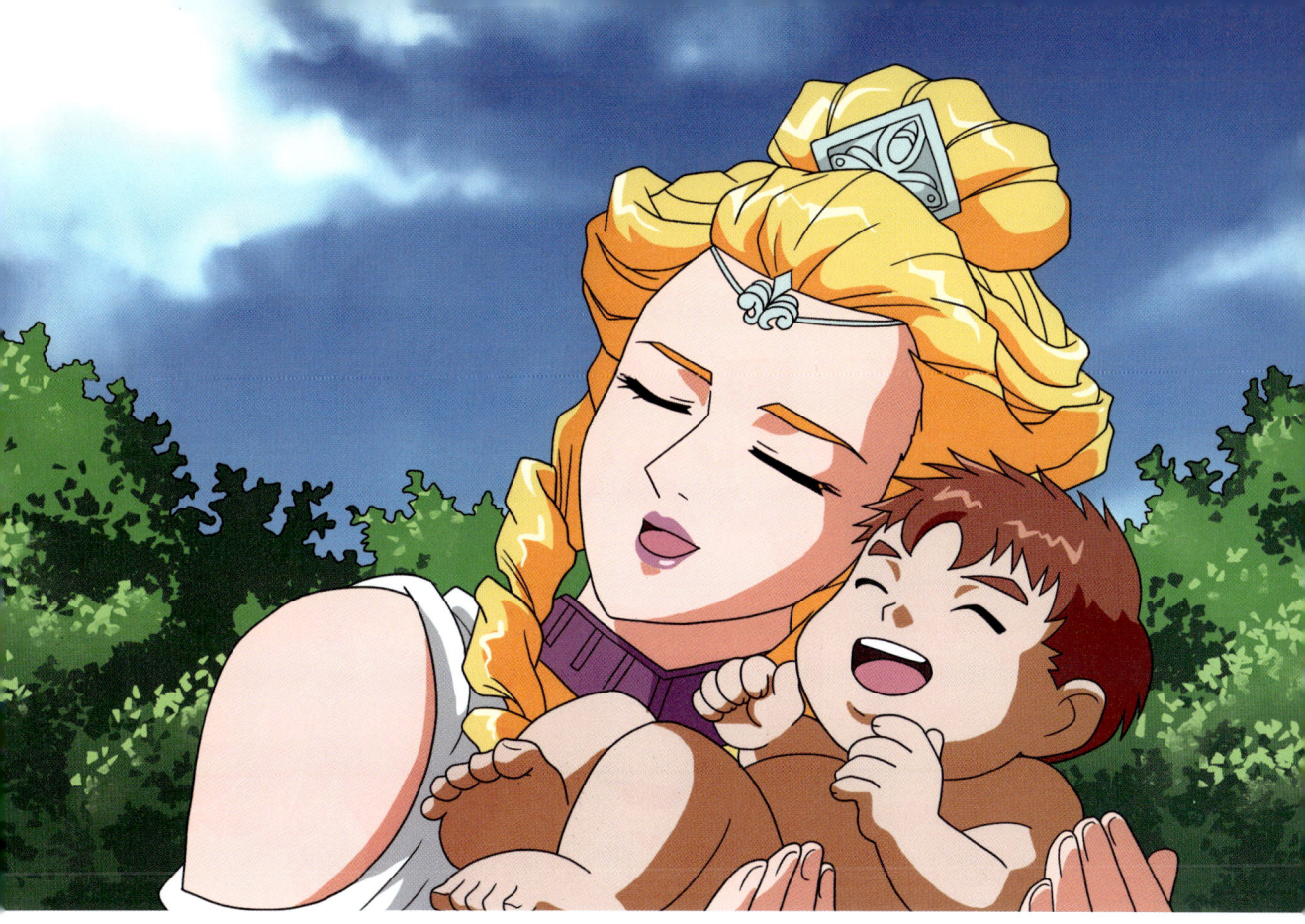

 헤라는 아레스로 변한 헤르메스에게 젖을 먹이기 시작했습니다. 헤르메스는 환하게 웃으며 헤라의 젖을 쪽쪽 빨았습니다. 아무것도 모르는 헤라는 아레스로 변한 헤르메스의 얼굴을 보며 환한 미소를 지었습니다.

 이윽고 젖을 다 먹인 헤라가 꽃 그네를 흔들며 아레스로 변한 헤르메스의 얼굴에 살며시 뺨을 댔습니다. 그 순간 헤르메스가 본래의 모습으로 돌아왔습니다.

 "어머, 너, 너는!"

 헤라가 놀라 주위를 두리번거리며 아레스를 찾았습니다.

"헤라 님, 아레스는 걱정 마세요. 제가 안전한 곳에 데려다 놓았거든요."

헤라는 헤르메스의 속임수에 넘어간 것을 깨닫고 화가 치밀었습니다.

"이 녀석! 감히 나를 속이다니! 당장 큰 벌을 내려 줄 테다."

헤라는 헤르메스를 흉측한 뱀으로 만들어 버리려고 했습니다. 하지만 아무리 벌을 내리려 해도 헤르메스에게 통하지가 않았습니다. 왜냐하면 헤르메스가 헤라의 젖을 먹었기 때문이었습니다.

"헤라 님, 앞으로는 말썽 안 부리고 잘할 테니 제발 저를 미워하지 마세요."

헤르메스가 헤라 앞에서 애교를 부리며 간절히 말하자 헤라도 헤르메스를 사납게 뿌리치기가 어려웠습니다. 자신의 젖을 먹여서인지 오히려 헤르메스가 귀여워 보이기까지 했습니다. 결국 헤라는 헤르메스의 유모가 되어 주었고, 자신이 낳은 아들처럼 아끼게 되었습니다. 헤르메스를 부르는 목소리도 한결 부드럽고 상냥해졌습니다.

이를 지켜본 제우스는 헤르메스를 불러 말했습니다.

"헤르메스야, 너는 정말 뛰어난 지혜를 가졌구나. 아무도 건드리지 못하는 헤라의 마음을 사로잡다니. 기특하고 대단하다. 하하하!"

제우스는 헤르메스의 머리를 쓰다듬으며 큰 소리로 웃었습니다.

"이제 너는 헤라의 젖을 먹었으니 진짜로 신이 되었다. 앞으로 항상 내 곁을 지키면서 너의 훌륭한 지혜로 나를 도와다오."

이렇게 해서 헤르메스는 신이 되어 올림포스에서 계속 살 수 있었습니다.

　올림포스의 어떤 신도 헤르메스의 지혜를 뛰어넘을 수 없었습니다. 헤르메스는 올림포스에서 가장 유쾌하고 지혜로운 신으로 사랑을 받았습니다.

　하루는 제우스가 헤르메스를 부르더니 신비로운 신발을 주었습니다. 그 신발에는 땅과 바다를 마음껏 누비며 날 수 있는 황금 날개가 달려 있었습니다. 그 신발을 신기만 하면 눈 깜짝할 사이에 지구 끝까지 날아갈 수 있었습니다.

"아버지, 정말 날개 달린 신발을 저에게 주시는 거예요?"

"그렇단다, 헤르메스. 앞으로 너는 이 신발을 신고 올림포스의 신들의 명령을 전하는 일을 하는 거다. 알겠지?"

"예, 최선을 다해서 열심히 할게요."

그때부터 헤르메스는 제우스와 다른 신들의 명을 전하는 전령이 되어 맡겨진 일을 척척 해냈습니다. 그 일뿐만 아니라 죽은 자의 영혼을 저승으로 인도하는 일도 맡아서 했습니다. 정 많고 사람의 마음을 잘 헤아리는 헤르메스는 그 일을 누구보다도 잘해 냈습니다.

하늘을 마음껏 날아오르는 헤르메스

제우스에게 날개 달린 모자와 신발을 선물받은 헤르메스가 아폴론에게 받은 카두세우스를 들고 하늘로 날아오르는 모습이에요. 신들 중에서 하늘과 땅을 마음대로 다닐 수 있는 신은 헤르메스뿐이었답니다.

〈우주에 자신의 힘을 보이기 위한 에로스의 명을 받은 헤르메스〉 외스타슈 르쉬외르

어느덧 헤르메스는 의젓하고 늠름한 청년으로 자라났습니다. 헤르메스는 날개 달린 페타소스라는 모자를 쓰고, 날개 달린 신발을 신고, 손에는 카두세우스를 들고 인간 세상과 올림포스를 바쁘게 오갔습니다.

그러던 어느 날, 올림포스에서 신들이 잔치를 열어 즐거운 시간을 보내고 있을 때였습니다. 티폰이라는 괴물이 갑작스럽게 나타나 잔치 분위기를 망쳐 놓았습니다. 티폰은 산보다 더 큰 뱀의 모습을 한 괴물이었습니다. 머리가 다섯 개나 달려 있고 기다란 혀를 날름거리며 불을 내뿜는 티폰은 보기만 해도 기분이 나빠졌습니다. 티폰이 한 번 지나가기만 하면 그곳은 큰 폭풍과 회오리에 휩쓸려 남아나는 것이 없을 정도였습니다.

이런 티폰이 올림포스에 침입하자 신들은 잔뜩 겁을 먹었습니다. 몇몇 신들이 티폰에게 맞서 보았지만 결국 무릎을 꿇고 말았습니다.

무시무시한 괴물 티폰

티폰이라는 괴물은 가이아와 타르타로스의 막내아들로 태어났습니다. 돌로 된 커다란 알 속에서 자랐는데, 다 큰 다음에는 스스로 껍데기를 깨고 땅을 박차고 나왔지요. 이 괴물은 땅 위에 존재하는 것 가운데 가장 무서운 존재였다고 합니다. 티폰은 뱀의 머리가 백 개나 달린 괴물로 묘사되는데, 인간과 야수의 중간이었으며 신의 말, 동물의 말, 인간의 말을 모두 할 수 있었답니다.

　올림포스의 신들은 가장 강력한 무기로 벼락을 가진 제우스 주변으로 몰려들었습니다. 제우스는 신들 앞에 당당한 걸음으로 나가서 티폰에게 소리를 쳤습니다.

　"이놈! 감히 여기가 어딘 줄 알고 난폭한 짓을 벌이는 것이냐!"

　제우스는 우렁찬 목소리로 호통을 치면서 벼락을 내리꽂았습니다. 온 세상을 뒤흔드는 소리와 함께 벼락이 티폰을 향해 날아갔습니다. 하지만 그 엄청난 벼락을 맞고도 티폰은 꼼짝도 하지 않았습니다. 그저 간지럽다는 듯 징그러운 머리를 몇 번 흔들 뿐이었습니다.

"아니, 어떻게 저럴 수가……."

올림포스의 신들은 이 광경을 보고 더욱 놀라 뒷걸음질을 쳤습니다. 제우스는 다시 한번 벼락을 날렸습니다. 그러나 이번에도 티폰은 아무렇지 않아 보였습니다. 티폰은 오히려 제우스를 향해 힘껏 돌진했습니다. 다급해진 제우스가 여러 번 벼락을 쏘았지만 티폰을 물리치기에는 역부족이었습니다.

"여기 있다간 티폰에게 당하겠어. 어서 피하자!"

올림포스의 신들은 공포에 휩싸여 허둥지둥 도망치기 시작했습니다. 다급한 나머지 동물의 몸속으로 숨는 신도 있었습니다. 숫양의 몸속에 숨은 제우스는 티폰의 공격을 안타까워하며 지켜보았습니다.

'올림포스 신들의 왕인 내가 이렇게 꼼짝 못하고 동물의 몸속에 숨어 있다니!'

제우스는 자존심이 상해 참을 수가 없었습니다. 티폰의 악행을 지켜보던 제우스는 더 이상 참지 못하고 숫양의 몸에서 빠져나왔습니다. 그러고는 다이아몬드로 만든 날카로운 번개 모양의 낫을 들고 괴물 티폰 앞에 섰습니다. 하지만 무시무시한 티폰은 제우스를 본체만체하고 올림포스 곳곳을 파괴하는 일을 멈추지 않았습니다.

"이 괴물 티폰, 당장 멈추지 못할까!"

제우스가 티폰을 향해 공격했지만, 티폰은 끄떡도 하지 않았습니다. 오히려 제우스를 순식간에 자신의 거대한 몸으로 휙휙 감아 버렸습니다. 갑작스럽게 당한 제우스는 티폰의 엄청난 괴력에 꼼짝도 하지 못했습니다.

"아아악!"

괴물에게 사로잡힌 제우스가 고통스럽게 비명을 질렀습니다. 티폰이 제우스의 힘줄을 끊어서 뽑아 간 것이었습니다. 신들 가운데 최고의 신인 제우스의 모든 능력은 그 힘줄에서 나오는 것이었습니다.

그때, 또 다른 괴물인 델피네가 나타났습니다. 델피네는 반은 뱀이고 반은 여자의 몸을 한 괴물이었습니다. 티폰은 예사롭지 않은 푸른 빛을 내뿜는 제우스의 힘줄을 델피네에게 건네주었습니다. 그러고는 힘이 풀려 버린 제우스를 들고 어디론가 사라졌습니다. 델피네는 티폰을 도와 제우스의 힘줄을 지키게 되었습니다.

이 광경을 빠짐없이 지켜보던 헤르메스는 마음이 찢어지는 것 같았습니다.

"내 아버지를 저렇게 비참하게 만들다니! 용서하지 않을 테다!"

헤르메스는 재빠른 판과 함께 티폰이 간 곳을 뒤쫓아 갔습니다.

티폰은 거대한 산 앞에 다다르자 산에 구멍을 내어 커다란 동굴을 만들었습니다. 그리고 그 안에 제우스를 넣은 뒤 주위를 살폈습니다. 티폰은 아무도 없는 것을 확인하고는 건너편 다른 산으로 갔습니다. 티폰이 눈치채지 못하게 숨어서 이 광경을 지켜보던 헤르메스는 제우스를 구할 수 있는 방법을 판과 의논했습니다.

"판, 어떻게 하면 좋을까?"

"티폰은 동굴 입구를 막을 만한 큰 바위를 찾으러 갔을 겁니다. 저 동굴이 막히면 우리 힘으로는 바위를 움직일 수 없을 게 뻔합니다. 그러니 지금이 바로 제우스 님을 구할 기회입니다."

들판을 누비는 신 판

판은 목동과 가축의 신으로, 반은 인간, 반은 야수의 모습을 하고 있습니다. 상반신은 인간이고, 다리는 염소 다리, 몸은 털로 뒤덮여 있지요. 주로 산과 들에 살면서 가축을 지키고 돌본다고 알려져 있습니다. 판은 행동이 매우 재빠르고 높은 절벽도 쉽게 오르며, 춤과 음악을 좋아한답니다. 때때로 잠자는 인간에게 무서운 꿈을 꾸게 하기도 하고, 나그네에게 겁을 주기도 해요.

"알았어. 내가 얼른 동굴로 들어가서 아버지를 모시고 나올 테니까, 넌 여기서 티폰이 오는지 살펴보고 있어."

　헤르메스는 날개 달린 신발을 신고 동굴로 들어가 제우스를 안고 재빨리 빠져나오려고 했습니다. 그런데 빠져나가기 전에 티폰이 돌아와 제우스를 안은 헤르메스를 발견하고 말았습니다. 티폰은 몸을 이리저리 비틀며 헤르메스를 쫓았지만 날개 달린 신발을 신은 헤르메스를 따라잡지는 못했습니다.

　헤르메스는 티폰이 쫓아오지 못할 정도로 아주 멀리 떨어진 곳에 제우스를 옮겨 놓았습니다. 제우스는 죽은 듯이 누워 움직이지 못했습니다. 헤르메스는 안타깝게 제우스의 눈을 바라보았습니다. 제우스도 슬픈 눈빛으로 헤르메스를 쳐다보며 무슨 말을 하려는 듯 입술을 조금씩 움직였습니다. 헤르메스는 아버지인 제우스가 어떤 말을 하려는 것인지 알 것 같았습니다.

"아버지, 아무 걱정 마세요. 제가 반드시 아버지의 힘줄을 찾아올게요."

헤르메스는 제우스의 손을 꼭 잡고 맹세했습니다. 그리고 즉시 판과 함께 제우스의 힘줄을 지키고 있는 델피네에게 날아갔습니다.

델피네는 두 눈을 부릅뜬 채 버티고 서서 제우스의 힘줄을 지키고 있었습니다. 델피네는 보기만 해도 징그럽고 소름 끼치는 괴물이었습니다. 델피네가 그르렁거리며 내는 날카로운 소리는 듣는 사람의 뼈 속까지 파고들었습니다.

"끼익, 크르르릉!"

헤르메스는 그 끔찍한 소리가 듣기 싫어 두 손으로 귀를 꽉 막았습니다.

"저 괴물도 티폰만큼 무시무시하군. 판, 델피네를 물리칠 좋은 방법이 없을까?"

헤르메스가 판에게 속삭였습니다.

"제가 알기로 저 괴물은 이 세상에서 무서워하는 것이 없습니다."

판의 대답에 헤르메스는 온몸의 힘이 쭉 빠졌습니다.

"그래도 뭔가 약점이 있을 거야. 그러니 좀 더 생각해 봐!"

마음이 급해진 헤르메스가 재촉하자 잠시 후 판이 무겁게 입을 열었습니다.

"사실 방법이 아주 없는 것은 아닙니다. 하지만 매우 위험한 방법인지라……."

"그게 뭔데? 빨리 말해 봐."

델피네

델피네는 두 가지의 모습으로 전해지는데, 이 이야기에 등장하는 델피네는 티폰이 건네준 제우스의 힘줄을 지킨 용이에요. 반은 뱀이고, 반은 여자인 괴물의 모습을 하고 있지요. 실리시아의 코리키온 동굴에 살았다고 전해져요. 다른 델피네는 아폴론의 신전 근처에 있는 샘을 지키는 용이라고 해요.

 판은 델피네의 날카로운 목소리에 귀를 기울이면서 말했습니다.
 "아무리 괴물이라지만, 자신과 비슷한 것을 만나면 두려움에 떠는 법이지요."
 판은 갑자기 델피네의 목소리를 똑같이 흉내 냈습니다.
 "끼익, 크르르릉!"
 그 소리를 들은 헤르메스는 깜짝 놀라 뒤로 벌러덩 넘어졌습니다. 판이 내는 소리가 델피네의 소리와 똑같았기 때문입니다. 델피네 역시 이 소리를 듣고 놀라서 소리가 나는 쪽으로 고개를 홱 돌렸습니다.

"제가 소리를 내며 델피네를 꾀어낼 테니 그때를 놓치지 말고 힘줄을 찾으세요."

판은 날랜 동작으로 델피네의 주변을 돌면서 목소리를 흉내 냈습니다. 처음에 델피네는 움직이지 않고 고개만 이리저리 돌리며 소리가 나는 쪽을 찾았습니다. 하지만 판이 점점 더 크고 날카로운 소리로 흉내 내자 델피네도 점차 신경이 쓰이는지 숨소리가 거칠어지면서 몸을 이리저리 움직였습니다.

판이 더 높고 날카롭게 소리를 지르자 델피네는 참지 못하고 몸을 더욱 사정없이 흔들었습니다. 그 순간 헤르메스는 재빨리 달려들어 제우스의 힘줄을 빼냈습니다. 힘줄을 손에 넣은 헤르메스는 쏜살같이 제우스에게 날아갔습니다. 한시라도 빨리 제우스에게 힘줄을 넣어 주고 싶었기 때문입니다. 헤르메스 덕분에 힘줄을 되찾은 제우스는 다시 기운을 차리고 일어섰습니다.

올림포스로 돌아온 제우스는 신들을 모두 불러 모아 회의를 열었습니다. 신들은 티폰을 물리칠 방법을 궁리했지만 마땅한 방법이 없었습니다. 그런데 운명의 여신인 모이라가 기막힌 생각을 짜냈습니다.

"티폰에게 힘이 세지는 신비로운 열매가 있다고 속이고 먹이는 거예요. 그 열매를 먹으면 반드시 티폰의 힘이 약해질 거예요."

하지만 그 일을 선뜻 하겠다고 나서는 신이 없었습니다. 결국 그 방법을 이야기한 모이라가 티폰을 만나기로 했습니다.

모이라는 티폰을 찾아가 살살 꼬드겼습니다.

"티폰, 제우스와 싸우려면 더 강해져야 한다는 걸 잘 알겠지? 내가 너를 위해 몸에 좋은 열매를 주겠다. 이걸 먹으면 힘이 부쩍 세질 거야."

티폰은 의심스러운 눈빛으로 모이라를 살펴보다가 모이라가 내민 열매를 살짝 맛보았습니다. 그리고는 맛이 좋았는지 곧 의심을 거두고 허겁지겁 열매를 집어 삼켰습니다.

열매를 먹은 티폰은 점점 힘이 빠졌습니다. 제우스는 티폰이 약해진 틈을 놓치지 않고 수많은 벼락을 한꺼번에 던져 공격했습니다. 하늘에서 마구 쏟아지는 소나기 같은 벼락을 맞은 티폰의 몸이 불덩어리로 변했습니다.

온몸에 불이 붙어 몸부림치던 티폰이 힘없이 쓰러지자, 제우스는 커다란 산을 번쩍 들어 올려 티폰에게 던졌습니다.

"이 끔찍한 괴물아, 네 운명도 여기서 끝이니라!"

마침내 티폰은 커다란 산에 깔리고 말았습니다. 티폰의 몸에 붙어 타오르던 불꽃이 뾰족한 산봉우리를 뚫고 솟구쳐 거대한 화산을 이루었습니다.

이제 올림포스에는 예전처럼 평화가 찾아왔습니다. 제우스는 가장 먼저 자신을 구해 준 헤르메스를 찾았습니다.

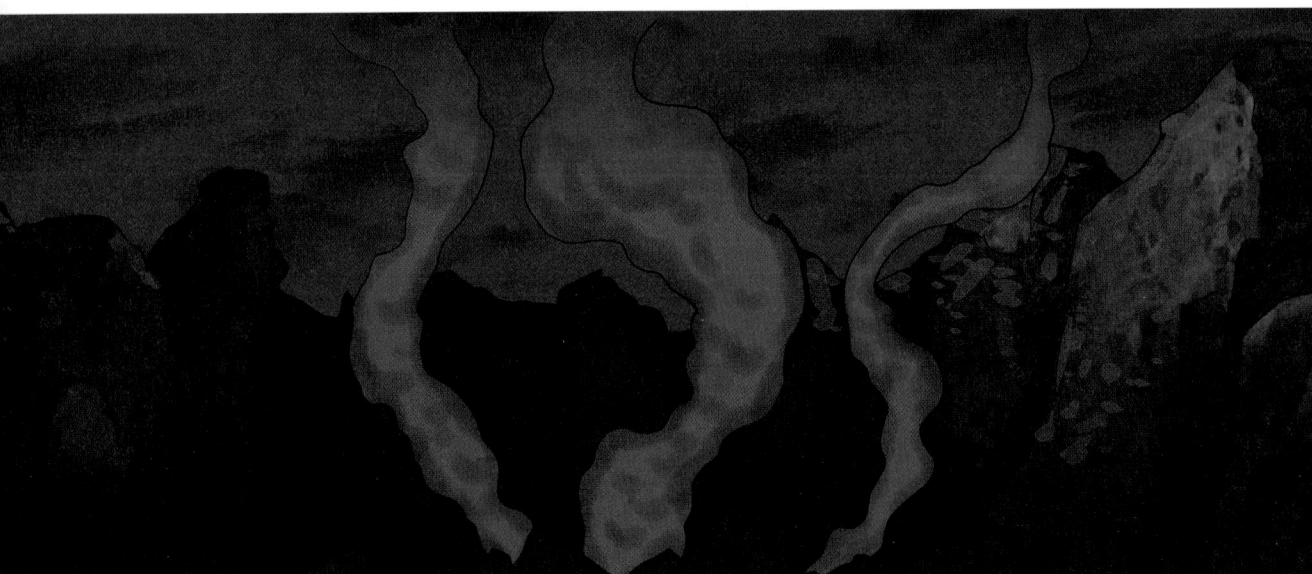

"헤르메스야, 고맙구나. 네 덕분에 내가 살았고, 올림포스의 평화를 되찾았다."

제우스는 헤르메스를 품에 꼭 안았습니다.

티폰과 화산

티폰이 제우스의 공격에 밀려 쫓기다가 제우스가 집어던진 섬에 갇혔다는 이야기도 있습니다. 그 섬이 바로 시칠리아섬인데, 시칠리아섬 밑에 깔린 티폰이 가끔씩 거친 숨을 몰아쉬며 힘찬 불길을 내뿜어 화산 폭발이 일어났다고 하지요. 그것이 바로 시칠리아섬에 있는 에트나 화산이라고 해요. 거대한 몸집의 티폰이 몸부림을 치면 땅에 지진이 일어나고, 숨을 내뿜으면 화산이 폭발하며, 티폰의 입에서 흘러나오는 것은 뜨거운 용암이라고 전해진답니다.

제우스를 구한 헤르메스

신화 뒷이야기

올림포스에는 수많은 신들이 살았는데, 헤르메스는 가장 위대한 열두 명의 신 가운데 하나로 손꼽힙니다. 헤르메스는 제우스의 심부름꾼으로 하늘과 땅을 자유롭게 오가며 많은 신들의 전령 역할을 담당했습니다. 그뿐만 아니라, 워낙 재능이 많고 지혜가 뛰어나 여러 일을 도맡아 했지요.

헤르메스는 지하 세계인 하데스로 죽은 영혼을 인도하는 영혼의 안내자 노릇을 했습니다. 하데스는 죽은 망령들이 머무는 곳이며, 지상에서 죄를 지은 자들이 벌을 받는 곳입니다. 모든 신과 인간을 통틀어 하데스를 자유로이 드나들 수 있는 존재는 오직 헤르메스뿐이었습니다. 그는 아폴론에게서 받은 지팡이 카두세우스를 들고 다녔는데, 그것을 감고 있는 두 마리의 뱀은 땅 아래를, 지팡이 꼭대기에 달린 독수리 날개는 하늘을 상징한다고 볼 수 있습니다. 하늘과 땅을 잇는 헤르메스에게 아주 잘 어울리는 상징물인 것이지요.

또한 그는 여행자의 수호신이었습니다. 고대 그리스에서는 헤르메스가 길에 깔린 돌을 치워 도로를 만드는 이야기가 전해집니다.

 이 때문에 헤르메스의 얼굴이 그려진 표지인 '헤르마'가 길거리에 세워져 있기도 합니다. 초기의 헤르마는 기둥 주위에 돌을 쌓아 올린 단순한 모양이었으나, 후대에는 젊은 운동선수 모습을 한 세련된 헤르마가 광장, 길, 체육관 등에 세워졌다고 해요.

 헤르메스는 도둑의 신이기도 한데, 아폴론의 소를 감쪽같이 훔친 것만 보아도 그렇게 불릴 만하지요. 그는 말솜씨가 뛰어나고 교활해 상인의 신, 중개인의 신, 돈놀이의 신으로도 알려져 있습니다.

 게다가 하늘과 땅의 경계를 풀고 어디든 마음대로 다닐 수 있었던 헤르메스는 서로 다른 세계를 잇고 소통하게 하는 신이라고 할 수 있답니다.

월계수가 된 다프네

아폴론은 제우스의 아들로, 올림포스의 열두 신들 가운데 하나였습니다. 아폴론은 태양과 음악의 신으로 사람들에게 숭배를 받았습니다. 특히 대홍수가 지나고 진흙투성이가 된 땅 위로 햇살이 내리쬐기 시작하자 사람들은 더욱 아폴론을 우러러보았습니다.

"아폴론 님의 따스한 태양 볕 덕분에 열매가 무르익어 가."

"흥겨운 음악이 있어서 아무리 힘들어도 신이 난다고."

게다가 아폴론은 예언의 신으로 사람들의 앞날을 내다볼 수 있었습니다. 많은 사람들은 아폴론이 자신들의 앞날을 예언해 주길 바랐습니다. 아폴론은 이런 사람들을 위해 파르나소스산의 델포이란 곳에 신전을 세우기로 했습니다.

신성한 파르나소스산

파르나소스산에는 아폴론 신전이 세워진 성지 델포이가 자리 잡고 있어요. 신화에는 이 산이 무척 신성한 곳으로 등장하지요. 예전에는 방주라는 뜻의 '라르나소스'라고 불렸어요. 그렇게 불린 까닭은 제우스가 세상을 멸망시키려고 대홍수를 일으켰을 때, 데우칼리온과 피라가 방주를 타고 도착한 곳이 파르나소스산의 정상이었기 때문이에요.

그런데 델포이에는 피톤이라는 괴물이 살고 있었습니다. 피톤은 오래전부터 그곳에 머물며 가축과 마을 사람들을 괴롭혔습니다. 또 샘과 강을 더럽히고 기름진 평야를 망쳐 놓곤 했지요.

"어제도 옆집 남자가 잡아먹혔다네."

"피톤이 저렇게 버티고 있으니 무서워 얼씬도 못 하겠어."

사람들은 피톤 때문에 두려움에 덜덜 떨었습니다. 하지만 아무도 피톤을 무찌르지 못했습니다. 그도 그럴 것이 뱀처럼 생긴 피톤은 몸집이 어마어마하게 클 뿐만 아니라 무척 사나웠기 때문입니다. 한편 델포이에 신전을 세우려던 아폴론은 피톤을 가만두면 안 되겠다고 생각했습니다. 피톤이 델포이에 있으면, 신전을 지어 봐야 아무도 찾아오지 않을 게 분명했거든요.

델포이의 괴물, 피톤

피톤은 대지의 여신 가이아의 아들이에요. 뱀처럼 생겼고 산자락을 감쌀 만큼 엄청나게 커다랗지요. 파르나소스 산기슭에서 살며 가이아의 뜻을 사람들에게 전하곤 했는데, 성질이 고약해서 사람과 짐승을 함부로 잡아먹었어요. 로마의 작가 히기누스가 전하는 이야기로는, 이 피톤이 레토의 아들에게 죽임을 당할 것이라는 예언이 있었다고 해요. 그래서 피톤은 레토를 죽이려 했고, 결국 레토의 아들 아폴론에게 죽임을 당하게 되지요.

아폴론은 피톤을 찾아가 소리쳤습니다.

"이 못된 괴물아! 델포이는 이제부터 내가 다스릴 것이니 당장 사라져라!"

하지만 피톤은 불을 뿜으며 사납게 아폴론에게 덤벼들었습니다. 아폴론은 재빨리 활과 화살을 꺼내 들었습니다. 그리고 활에 화살을 걸어 피톤을 겨누었습니다. 아폴론은 활 쏘는 기술이 뛰어난 궁술의 신이었지만, 피톤처럼 거대한 괴물에게 활을 쏘는 것은 처음이었습니다. 아폴론이 쏜 화살은 '쉬익' 하고 바람을 가르며 피톤에게 날아가 급소를 명중했습니다.

"크악!"

피톤은 소리를 지르며 더욱 날뛰었습니다. 아폴론은 침착하게 여러 발의 화살을 더 쏘아 맞혔습니다. 몸부림을 치던 피톤은 결국 죽고 말았습니다.

피톤을 해치운 아폴론

활을 든 아폴론 옆에 화살에 맞은 피톤이 쓰러져 있어요. 피톤은 언뜻 보기에도 아주 무시무시해 보여요. 피톤을 쓰러뜨린 아폴론의 몸짓과 표정에서는 당당한 기세가 느껴져요. 그림에서는 사랑의 신 에로스가 이 광경을 지켜보고 있지요. 아폴론과 에로스는 둘 다 활과 화살을 가지고 다닌다는 공통점이 있답니다.

〈아폴론과 피톤〉 얀 뵈코르스트

피톤을 기리는 피티아 경기

피톤의 어머니 가이아는 제우스에게는 할머니였어요. 그래서 제우스는 아폴론에게 피톤을 죽인 죄를 뉘우치라고 했고, 아폴론은 한동안 테실리아 지방에 가서 이 일을 반성했어요. 또 아폴론은 피톤을 무찌른 자신의 공을 기리는 한편, 죽은 피톤을 달래기 위해 큰 경기를 열었어요. 이 경기가 고대 그리스의 4대 경기 중 하나인 피티아 경기가 되었답니다. 이 경기에서는 음악과 육상, 말 타기 시합 등이 펼쳐졌어요.

"아폴론 님이 피톤을 해치우셨대!"

"드디어 마음 놓고 지낼 수 있게 됐어! 와, 아폴론 님 만세!"

사람들은 더욱 아폴론을 믿고 따르기 시작했습니다. 델포이의 아폴론 신전은 언제나 사람들로 북적거렸습니다. 이 모습을 본 아폴론은 우쭐해졌습니다.

그러던 어느 날이었습니다.

　아폴론이 여느 때처럼 활을 닦고 있는데, 저쪽에서 에로스가 작은 활을 가지고 노는 것이 보였습니다. 피톤을 죽인 지 얼마 안 되어 잔뜩 우쭐해 있던 아폴론은 에로스에게 말했습니다.

　"꼬마야, 그 작은 활은 뭐냐? 보기에 좀 우습구나. 내 활을 좀 봐라. 피톤이라고 너도 들어 봤지? 그 무시무시한 괴물을 쓰러뜨린 활이란다."

　에로스는 아폴론의 자랑은 들은 척도 않고 계속 자기 활만 만지작거렸습니다. 아폴론은 그런 에로스의 태도에 약이 올랐습니다.
　"활은 아무나 다루는 게 아니야. 활은 영웅들의 용맹함을 상징하는 물건이야. 특히 너같이 작은 꼬마가 다룰 물건은 더더욱 아니지. 네 활은 작아 볼품없긴 하다만 그래도 위험하니 그 활을 이리 다오."
　아폴론은 에로스의 활을 집으려 했습니다.

에로스는 몸을 홱 돌려 자신의 활을 감쌌습니다.

"이봐요, 아폴론. 지금 피톤인지 필통인지를 해치웠다고 우쭐한 것 같은데. 내 활에 손대지 마요."

에로스의 말에 아폴론은 콧방귀를 뀌었습니다.

"허허! 꼬맹이가 아주 맹랑하네! 그깟 장난감 같은 활로 대체 뭘 할 수 있다는 건지 모르겠구나."

에로스는 무척 화가 났습니다.

"아폴론, 난 사랑의 신이라고요. 지금 뭘 몰라서 날 비웃는 거 같은데, 후회하지 마세요."

"하하하."
아폴론은 에로스의 말에 배를 잡고 웃었습니다. 이때까지만 해도 아폴론은 이 일로 자신이 얼마나 뼈아픈 대가를 치르게 될지 알 수 없었습니다.

에로스는 그칠 줄 모르고 큰 소리로 웃어 대는 아폴론을 뒤로한 채 하늘로 휙 날아올랐습니다. 아폴론 때문에 잔뜩 기분이 상해서 더 이상 그 자리에 있기 싫었던 것입니다.

'두고 보자, 아폴론. 사랑의 신 에로스를 우습게 보면 어떻게 되는지 똑똑히 가르쳐 주지.'

에로스는 아폴론의 행동을 떠올리며 다시 한번 굳게 다짐했습니다.

에로스는 파르나소스산의 정상으로 날아갔습니다. 그리고 활통에서 화살 두 개를 꺼냈습니다. 하나는 반짝거리는 황금 화살이고, 다른 하나는 잿빛을 띤 납 화살이었습니다.

"흥, 아폴론! 그까짓 괴물을 쏘아 맞힌 걸로 그리 우쭐대다니. 나는 이 화살로 너의 심장을 꿰뚫을 거야."

에로스는 델포이 신전을 노려보며 중얼거렸습니다.

한편 숲속에는 강의 신 페네이오스와 그의 딸 다프네가 살고 있었습니다. 다프네는 헝클어진 머리카락을 아무렇게나 늘어뜨린 데다 몸을 꾸미지도 않았습니다. 다른 요정들이 정성껏 머리를 빗고 몸단장을 하는 동안에도 다프네는 말을 타고 숲속을 뛰어다니며 놀기 바빴습니다. 그럼에도 불구하고 다프네는 풋풋한 아름다움을 지니고 있었습니다. 다프네의 헝클어진 머리카락에서는 기분 좋은 향기가 났고, 날렵한 팔다리는 우아해 보였습니다. 그런 다프네를 주변의 많은 남자들이 좋아했습니다.

"내 눈에는 잔뜩 치장을 한 요정들보다 다프네가 더 아름다워 보여."

"이봐, 다프네는 내가 먼저 좋아했다고."

하지만 다프네는 남자들에게 관심이 없었습니다. 결혼도 연애도 하고 싶지 않았습니다. 그저 친구들과 사냥을 하며 숲을 뛰어다니는 것이 유일한 즐거움이었습니다.

그런 다프네를 걱정스럽게 바라보던 페네이오스가 말했습니다.

"다프네야, 이제 너도 짝을 만나 결혼을 하고, 아이도 낳아야 하지 않겠느냐. 아비는 손자가 얼른 보고 싶구나."

다프네는 얼굴을 붉혔습니다. 하지만 아버지의 말처럼 결혼을 하고 싶은 생각은 들지 않았습니다. 다프네는 아버지에게 매달려 사정을 했습니다.

"아버지, 전 남자를 만나고 싶지 않아요. 평생 아르테미스 여신처럼 결혼하지 않고 처녀로 지내면 안 될까요? 부탁이에요, 아버지."

페네이오스는 사랑하는 딸이 속마음을 털어놓자 마음이 약해졌습니다. 그래서 하는 수 없이 고개를 끄덕였습니다.

"그래, 네가 그렇게 바라니 어쩔 수 없구나. 하지만 네 고운 모습 때문에 네가 원하는 대로 될 수 있을지 모르겠다."

페네이오스는 한숨을 내쉬었지만, 다프네는 기쁘기만 했습니다. 다프네는 사뿐사뿐 걸으며 집을 나섰습니다.

파르나소스산에서 아폴론에게 어떻게 복수할지 고민하던 에로스는 마침 다프네가 집을 나서는 것을 보았습니다.
"옳지, 아폴론에게 복수할 좋은 기회다!"
에로스는 다프네를 향해 납 화살을 쏘았습니다. 납 화살은 '미움'의 화살로, 이 화살을 맞으면 제아무리 위대한 신이나 강한 인간이라도 상대방을 미워하는 감정을 갖게 되지요.
"아얏!"
다프네는 가슴이 따끔했습니다.

'왜 이렇게 머리가 아프지? 사냥하는 데 너무 신경을 썼나?'

그리고 곧이어 마음이 점점 싸늘해지는 것을 느꼈습니다.

다프네는 왠지 모르게 자신을 따르는 남자들이 더 귀찮게 느껴졌습니다.

'역시 연애도, 결혼도 다 쓸모없는 것 같아. 사냥하며 놀아야지!'

곧이어 에로스는 여느 때처럼 우쭐거리며 신전을 나서는 아폴론을 향해 황금 화살을 날렸습니다. 이 화살은 '사랑'의 화살로, 맞으면 무조건 사랑에 빠지게 만드는 강력한 힘이 있었습니다.
"아얏!"

아폴론은 가슴에 작은 통증을 느꼈습니다. 그리고 얼마 뒤, 불덩어리처럼 뜨거운 기운이 온몸을 감쌌습니다.
　'왜 이러지? 갑자기 심장이 마구 두근거리고, 열도 나는 것 같은데…….'

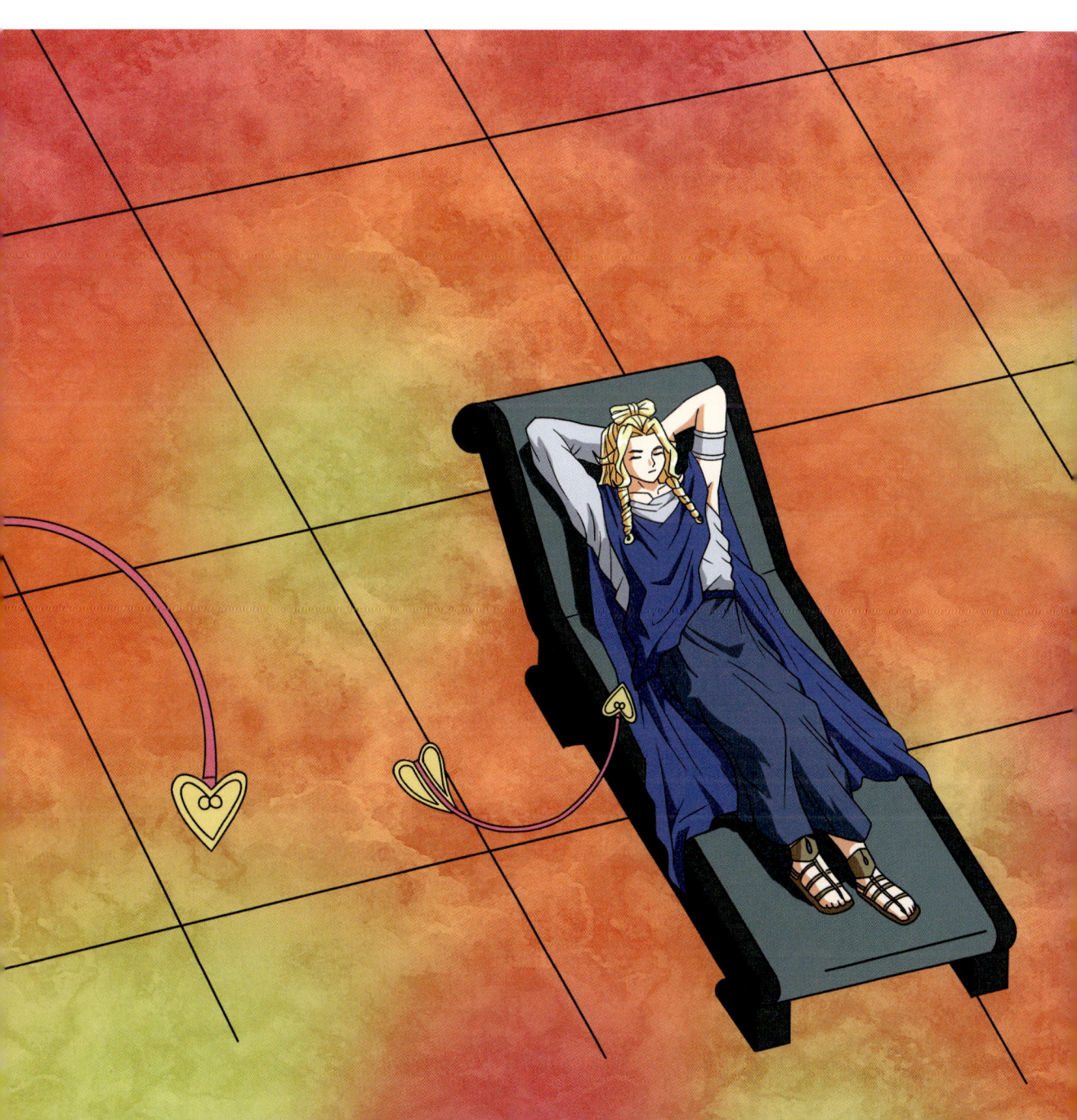

아폴론은 기분이 점점 이상해졌습니다.

그때 숲으로 들어선 아폴론의 눈에 헝클어진 머리를 휘날리며 뛰어가는 다프네의 모습이 보였습니다. 그 모습을 본 아폴론은 심장이 터질 것만 같았습니다. 온몸이 뭐라 표현할 수 없이 묘하고 이상한 열기로 화끈거렸습니다.

"아, 강의 신 페네이오스의 딸 다프네구나! 어쩌면 저토록 아름다울까!"

아폴론은 어떻게든 다프네를 아내로 맞이하고 싶었습니다. 그만큼 에로스의 화살은 거센 사랑의 감정을 솟아나게 했지요.

아폴론은 올림포스의 열두 신들 가운데서도 외모가 뛰어났습니다. 곱슬거리는 부드러운 머리카락과 늘씬한 몸매도 눈에 띄었지만, 예술적 감각이 빼어났지요. 많은 요정들이 아폴론이 연주하는 리라 소리에 깊이 빠져들곤 했습니다. 아폴론은 인기가 아주 많았지만, 정작 자신은 한 번도 사랑에 빠진 적이 없었습니다. 그런 아폴론이 처음으로 다프네에게 사랑의 감정을 느끼게 된 것입니다.

한편 다프네 또한 아폴론의 모습을 보았습니다. 하지만 아폴론과는 반대로 다프네는 아폴론을 보자 미움이 폭발할 것만 같았습니다.

'저건 누구지? 정말 보기 싫게 생겼군.'

다프네는 황급히 자리를 피했습니다. 하지만 사랑에 빠진 아폴론은 다프네의 뒤를 쫓기 시작했습니다.

"다프네, 제발 내 말 좀 들어줘요! 난 태양의 신 아폴론이오."
아폴론은 다프네에게 애타게 말했습니다.
하지만 다프네는 기겁을 하며 소리를 질렀습니다.
"당신이 누구이든 관심 없어요. 그러니 제발 내 앞에서 사라져요!"

다프네는 아폴론의 얼굴이며 목소리까지 모든 게 다 꼴 보기 싫었습니다. 어떻게든 아폴론을 쫓아 버리고 싶은 마음뿐이었습니다. 다프네는 황급히 머리카락을 휘날리며 도망쳤습니다.
"아, 헝클어진 머리카락마저도 아름답구나!"
아폴론은 도망치는 모습마저 아름다운 다프네에게서 눈을 떼지 못했습니다. 그리고 다프네의 뒤를 급히 쫓아갔습니다.

다프네는 아폴론을 피해 이리저리 도망쳤습니다. 하지만 아폴론은 계속 다프네를 쫓으며 간절하게 외쳤습니다.

"멈춰요, 다프네! 그렇게 달리다가 넘어지기라도 하면 어떡하오? 나는 절대 나쁜 사람이 아니오. 그저 당신을 보고 첫눈에 반했을 뿐이라오. 올림포스 신들의 왕 제우스를 아시오? 바로 그분이 내 아버지요. 내 리라 연주를 한번 들어 보겠소? 그럼 당신 마음이 훨씬 편안해질 텐데……. 참, 잊을 뻔했군! 못된 괴물 피톤의 이야기를 들어 본 적이 있소? 내가 바로 그 피톤을 물리쳤소. 저기 델포이에 내 신전이 있지. 이제 그만 멈추고 날 봐요!"

하지만 다프네는 뒤도 돌아보지 않은 채 외쳤습니다.

"제발 저리 가요. 난 당신이 너무 싫다고요!"

다프네의 말은 아폴론의 마음에 날카로운 칼처럼 내리꽂혔습니다. 아폴론은 말할 수 없이 슬펐습니다.

'대체 그녀는 왜 도망치는 걸까. 한번만 내 얘기를 들어 주면 좋을 텐데……. 아, 마음이 이렇게 아프다니. 피톤의 불에 상처를 입었을 때보다 더 아프구나. 아아, 다프네!'

멀리서 이 모습을 지켜보던 에로스는 신이 났습니다.

"흥, 나를 그렇게 무시하더니, 꼴좋군. 제아무리 아폴론이라 해도 사랑 앞에선 별 수 없지. 이게 바로 네가 비웃던 내 화살의 힘이라고."

다프네와 아폴론의 쫓고 쫓기는 달리기는 계속되었습니다. 다프네가 싫다고 자신을 밀어내면 밀어낼수록, 아폴론은 점점 더 다프네가 사랑스러워 견딜 수가 없었습니다.

끝이 뾰족한 나뭇가지가 달아나는 다프네의 몸을 할퀴었습니다. 상처가 난 자리에서 피가 흘렀지만, 다프네는 아랑곳하지 않고 아폴론을 피해 도망쳤습니다.

아폴론을 피해 도망치는 다프네

아폴론을 피해 도망치는 다프네와 그 뒤를 쫓는 아폴론을 그린 그림이에요. 다프네의 발아래에는 다프네의 아버지 페네이오스의 모습도 보여요. 페네이오스는 딸을 아폴론으로부터 구하기 위해, 딸의 모습을 바꾸어 놓아요. 다프네의 오른손을 자세히 보면, 손끝이 나뭇가지로 바뀌어 있답니다.

〈아폴론과 다프네〉 조반니 바티스타티에폴로

아폴론과 다프네의 거리가 점점 좁혀졌습니다. 지친 다프네는 금방이라도 쓰러질 것 같았습니다. 다프네는 거친 숨을 몰아쉬며 외쳤습니다.

"아버지, 도와주세요! 땅을 열고 저를 숨겨 주세요. 아니면 제 모습을 바꿔 주세요. 이 모습 때문에 불행이 닥쳤으니까요."

이윽고 아폴론의 손이 다프네의 어깨에 닿을락 말락 할 때였습니다. 갑자기 다프네의 온몸이 뻣뻣하게 굳기 시작했습니다. 다프네의 손끝에서는 나뭇가지가 뻗어 나오고, 그 나뭇가지에는 곧 무성한 잎이 달렸습니다. 아름답던 다프네의 머리카락도 나뭇잎으로 변해 갔습니다.

"안 돼!"

아폴론은 몹시 슬픈 목소리로 외쳤습니다. 다프네는 점점 나무로 변했습니다. 호리호리한 몸매는 두꺼운 나무껍질로 덮이고, 두 발은 땅에 달라붙어 뿌리로 뻗어 내렸습니다. 다프네가 있던 자리에는 가지와 잎이 무성한 월계수 한 그루가 생겨났습니다.

다프네처럼 무척 아름다운 나무였습니다.

조각으로 보는 아폴론과 다프네

이탈리아의 유명한 조각가 베르니니가 아폴론과 다프네의 모습을 조각한 작품이에요. 다프네가 월계수로 변신하는 순간을 잘 포착하여 정교하게 표현했어요. 다프네가 나무로 변하는 모습을 안타깝게 지켜보는 아폴론과, 아폴론의 손길을 피하려고 마음이 다급한 다프네의 모습이 잘 드러나 있어요.

〈아폴론과 다프네〉 로렌초 조반니 베르니니

아폴론은 나무를 껴안았습니다. 아폴론의 눈에서는 쉴 새 없이 눈물이 흘러내렸습니다.

"오, 내 사랑……."

아폴론은 나뭇가지에 입술을 가져다 댔습니다. 하지만 나무로 변한 다프네는 그마저도 싫은지 나뭇가지를 흔들며 아폴론을 피했습니다. 그러자 아폴론이 말했습니다.

"다프네, 이제 그대를 내 아내로 맞이할 수 없게 되었소. 하지만 그대를 나의 성스러운 나무로 삼겠소."

아폴론은 부드러운 손길로 나무를 쓰다듬었습니다.

"이제부터 나는 왕관 대신 그대의 가지를 엮어 머리에 쓰겠소. 내 리라와 화살통도 그대의 잎으로 장식할 것이오. 그리고 위대한 장군들이 싸움에서 이기고 돌아오면 그대의 꽃으로 화환을 만들어 머리에 씌우겠소."

그제야 다프네는 두려움에 떨던 움직임을 멈추었습니다. 다프네는 가지를 기울여 아폴론에게 고맙다는 뜻을 전했습니다.

"사랑하는 다프네. 내가 영원히 늙지 않는 것처럼, 그대 또한 늘 푸를 것이며 그 잎이 시들지 않도록 해 줄 것이오."

아폴론은 월계수로 변한 다프네를 두 팔로 꼭 끌어안았습니다. 아폴론은 오랫동안 눈물을 흘리며 그 자리를 못 떠났습니다.

승리를 상징하는 월계수

신화 속에 등장하는 이야기들은 오늘날에도 우리 생활 속에서 찾아볼 수 있어요. 서양에서는 '월계관(월계수로 만든 관)을 썼다.'라는 말을 '영광스러운 자리에 올랐다.'는 뜻으로 써요. 그래서 운동 경기에서 우승한 선수들에게 월계관을 씌워 주지요. 그리스의 아테네에서 올림픽이 열렸을 때, 경기에서 우승한 선수들은 메달을 목에 걸고, 승리를 상징하는 월계관을 머리에 썼답니다.

월계수가 된 다프네

아폴론은 예언의 신입니다. 하지만 불행히도 자신의 사랑은 예측할 수 없었나 봅니다. 다프네와의 사랑은 결국 실패로 끝나고 마니까요. 신화 속 신과 요정의 사랑은 대부분 비극적으로 끝을 맺습니다. 아폴론이 사랑한 다프네 또한 끝내 아폴론을 받아들이지 않다가 월계수로 변하고 그들의 사랑도 결국 비극으로 결말이 납니다.

사랑에는 다양한 종류가 있지만, 에로스의 화살에 맞아 생겨나는 사랑은 흔히 이성적이지 못하고 정열적인 사랑을 뜻합니다. 이러한 사랑의 감정에 사로잡히면 아폴론과 하데스 그리고 에로스가 그러했듯이 사랑에 눈이 멀고 맙니다.

사람도 마찬가지입니다. 하루 종일 사랑하는 사람의 모습만 생각나고, 그 사랑이 받아들여지지 않으면 마음이 아프지요. 이러한 감정은 쉽게 이겨 내기가 힘듭니다. 사람들은 살면서 이런저런 사랑들을 하지만, 그 사랑이 언제나 행복을 가져다주는 것은 아닙니다. 아폴론과 다프네처럼 서로 다른 감정을 품을 수도 있기 때문입니다.

하지만 내게 사랑하는 감정이 생겼다고 해서 상대방에게 사랑을

강요한다면 그것은 온전한 사랑이 될 수 없습니다. 오히려 이 신화에서처럼 돌이킬 수 없는 결과를 가져올 수도 있지요.

또한, 내 사랑이 받아들여지지 않는다고 해서 너무 낙심하는 것도 피해야 할 것입니다. 나르키소스를 사랑했던 에코는 자신의 사랑이 받아들여지지 않자 시름시름 앓다가 세상을 떠나고 맙니다. 남을 무조건 사랑하기에 앞서 나 자신을 아끼고 사랑하는 마음이 부족했기 때문입니다.

이처럼 사랑은 나를 아끼고, 상대방을 존중하고 배려하는 마음에서 비롯되어야 합니다.

미로 찾기

미로 찾기로
모험을 떠나 보아요!

출발

도착

정답은 맨 뒷장에 있습니다.

나만의 컬러링

'애니메이션 원화'를
예쁘게 색칠해 보아요!

신들의 계보

크로노스 + 레아

- **하데스** — 지하 세계의 왕
- **포세이돈** — 바다의 신
- **제우스** — 신들의 왕
- **헤라** — 신들의 여왕, 제우스의 아내
- **헤스티아** — 난로·불의 여신
- **데메테르** — 대지의 여신

- **아테나** — 지혜·전쟁의 여신 — 제우스 + 메티스
- **아폴론** — 의술·음악의 신 — 제우스 + 레토
  - **아스클레피오스** — 의술의 신
- **아르테미스** — 사냥·순결의 여신
- **아레스** — 전쟁의 신 — 제우스 + 헤라
- **헤파이스토스** — 대장간의 신
- **아프로디테** — 미의 여신, 헤파이스토스의 아내 — 제우스 + 디오네
  - **에로스** — 사랑의 신
- **헤르메스** — 신들의 전령, 상업의 신 — 제우스 + 마이아
- **디오니소스** — 술의 신 — 제우스 + 세멜레
- **페르세포네** — 지하 세계의 여왕, 하데스의 아내 — 제우스 + 데메테르

OLYMPUS GUARDIAN

그리스 로마 신화 주요 인물의 이름

그리스어	로마어	영어
가이아	텔루스	
니케	빅토리아	나이키, 빅토리
데메테르	케레스	세레스
디오니소스	바쿠스	바커스
레아	키벨레	시벨레
아레스	마르스	마스
아르테미스	디아나	다이애나
아테나	아테네, 미네르바	
아폴론	아폴로	아폴로
아프로디테	베누스	비너스
에로스	쿠피드, 아모르	큐피드
오디세우스	울릭세스	율리시스
우라노스	카일루스	유러너스
제우스	유피테르	주피터
크로노스	사투르누스	새턴
페르세포네	프로세르피나	
포세이돈	넵투누스	넵튠
하데스	플루톤	플루토
헤라	유노	주노
헤라클레스	헤르쿨레스	허큘리스
헤르메스	메르쿠리우스	머큐리
헤스티아	베스타	
헤파이스토스	불카누스	벌컨

미로 찾기 정답

피가 많은 헤르메스

초판 1쇄 인쇄 2020년 8월 14일
초판 1쇄 발행 2020년 8월 21일

지음 토마스 불핀치 | **엮음** 주니어RHK 편집부
그림제공 ㈜SBS콘텐츠허브
원작 만화로 보는 그리스 로마 신화(이광진 엮음, 홍은영 그림, 가나출판사)

발행인 양원석   **책임편집** 김민정   **디자인** 강소정
영업마케팅 윤우성, 박소정

펴낸 곳 ㈜알에이치코리아
주소 서울시 금천구 가산디지털2로 53, 20층 (가산동, 한라시그마밸리)
편집문의 02-6443-8872   **도서문의** 02-6443-8800   **팩스** 02-6443-8959
등록 2004년 1월 15일 제2-3726호

ⓒ 올림포스 가디언
ⓒ SBS/SBS콘텐츠허브/가나미디어/동우에이앤이

ISBN 978-89-255-9962-5 (73210)

어린이제품 안전특별법 표시 사항
제품명 도서 | **제조자명** ㈜알에이치코리아 | **제조국명** 대한민국 | **전화번호** 02)6443-8800
주소 서울시 금천구 가산디지털2로 53, 20층(한라시그마밸리)

※ 책값은 뒤표지에 있습니다.
※ 맞춤법과 띄어쓰기는 국립국어원의 기준에 따랐습니다.
※ 잘못된 책은 구입하신 곳에서 바꾸어 드립니다.
△ 책 모서리가 날카로워 다칠 수 있으니 사람을 향해 던지거나 떨어뜨리지 마십시오.

알에이치코리아 홈페이지와 블로그, SNS에서 자사 도서에 대한 더 많은 정보와 이벤트 혜택을 확인할 수 있으며, 전자책도 만나볼 수 있습니다.
홈페이지 http://rhk.co.kr | http://ebook.rhk.co.kr 페이스북 https://www.facebook.com/rhk.co.kr
블로그 http://randomhouse1.blog.me   유튜브 http://www.youtube.com/randomhousekorea
주니어RHK 포스트 https://post.naver.com/junior_rhk   인스타그램 @junior_rhk